Bilingual Classics

U0898472

双语经典

兔子坡

〔美国〕罗伯特·罗素 著

查询 译

译林出版社

目　录

第一章　新人家要来了

整个兔子坡都沸腾了，四面八方不断传出嘀嘀咕咕、叽叽喳喳的讨论声。小动物们都在议论着这个重大新闻。他们一次又一次地说起：“有新人家要来了！有新人家要来了！”

小乔治跌跌撞撞地跑回兔子洞，气喘吁吁地将这个消息告诉了自己的父母。“有新人家要来了，”他叫嚷着，“有新人家要来了！妈妈、爸爸，有新人家要搬来大房子了！”

兔妈妈正在搅拌一锅非常稀的汤汁，她抬起头，说道：“是啊，大房子是时候搬来新人家了，早该搬来了。我真希望这次住进来的是些会种地的人，别像之前那些人一样游手好闲。兔子坡的菜园已经荒了三年了，明明是个好园子，却让我们连过冬的食物都存不够。去年的情况是最糟的，我都不知道我们是怎么撑过来的。如果新来的人家还是不种地，我也不知道我们今年冬天要怎么办。食物越来越少，除了去找路口的胖大叔，哪里都弄不到蔬菜。他老带着那些狗，想要去路口每天还得穿过黑暗小路两趟。我真不知道，我真不知道——”兔妈妈一向爱操心。

“好了好了，亲爱的，”兔爸爸安慰道，“尽量用一种比较乐观的态度看待这个问题，乔治带来的这个消息或许预示了一个更加美好和富足的新时代即将到来呢！我想我该出门散会儿步，和邻居们聊聊天，验证一下这个吉利的传言是否属实。”兔爸爸是一位来自南方的绅士，他说话总是这么文绉绉的。

兔爸爸出门了。他沿着荒芜了许久的菜园走着，那座砖砌的大房子黑漆漆、孤零零地耸立在暮色中。它看上去阴森森的，窗户里没有灯光，也没有人影。屋顶的木瓦因为腐朽而卷曲起来；百叶窗歪歪扭扭地悬挂着；车道和人行道上，干枯的杂草长得高高的，一有微风吹过便发出沙沙的响声。眼下已是春天，整片大地都充满生机，这座房子却显得越发颓败。

兔爸爸有些伤感地想起，曾经有段时间兔子坡的状况与现在大相径庭。那时候，草地上到处覆盖着一层厚厚的、鲜美的青草，田地里长满了茂盛的苜蓿；菜园里的蔬菜更是应有尽有。兔爸爸、兔妈妈和他们的子女过着快乐的日子，所有的小动物都过着快乐的日子。

那些日子，大房子里住着些好人家。他们的孩子也很友好，晚上会和大家一起玩捉迷藏。每当臭鼬妈妈带着她的孩子们一本正经地排成一路纵队从草地上走过时,那些孩子便会惊喜地大叫。他们还养了一条狗，一位又老又胖的西班牙猎犬女士，她总是与土拨鼠们进行没完没了、吵吵嚷嚷的辩论，但从没听说过她伤害任何人。实际上，她还曾遇到过一只走失的小狐狸，并把他和自己的小狗放在一起，悉心养育、照料他。那只小狐狸似乎就是福克西的叔叔，还是他的爸爸来着？时间太久，兔爸爸已经记不清了。

后来，不幸的日子便降临到兔子坡了。好人家从大房子里搬走了，搬进来的人尖酸刻薄、好吃懒做、自私自利。漆树、杨梅和毒藤占据了田地，草地上长满了马唐和杂草，菜园也不复存在。到了去年秋天，就连这些人也搬走了，只留下空荡荡的大房子。整个冬天，那些黑漆漆的窗户都被寒风裹挟着，凄凉地来回拍打。

兔爸爸从工具房旁边走过。在过去的好日子里，这里堆满了一袋袋种子与鸡饲料，那是饥饿的田鼠们最爱的美餐。现在，工具房已经空了几年了，每一颗谷粒都在严酷的冬天里被搜刮光了。再也没有小动物会来这儿了。

饥肠辘辘的土拨鼠波奇正在路边杂乱的草堆里搜寻食物。他瘦骨嶙峋，皮毛看起来像是被虫蛀了一样——和去年秋天那个胖得走路都有点蹒跚，硬把自己塞进洞穴里过冬的波奇截然不同。现在他正想要把冬天里的损失都补回来。每吃一口，他都会抬起头来四下打量，嘟囔几声再继续吃，这让他的嘟囔变成短促的打嗝声。“看看这草地，”他咆哮着，“看看吧——嗝——嗝——一片苜蓿的叶子都没有，只有马唐和繁缕——嗝——嗝——新人家也是时候搬来了——嗝——嗝——是时候了——”兔爸爸礼貌地向波奇问好，波奇停下来，挺直了身子。

“晚上好，波奇，真是个美妙的夜晚。真高兴又见到你了。冬天过得还不错吧？你现在看起来身体很健康。在这个令人愉快的春日夜晚，你气色不错。”

“我也不知道，”波奇嘟囔道，“我觉得身体还好，但我瘦了很多。就靠这些东西，该死的，我怎么可能长肉呢？”他厌烦地对杂草丛生的田地和七零八落的草坪挥了一下手。“之前那家人真是群懒蛋，要我说，都是懒蛋。什么也不做，什么也不种，什么也不管。他们也是时候离开了，摆脱他们是件好事。要我说，是新人家搬来的时候了，是时候了。”

“我正想就这个问题请教你呢，”兔爸爸说，“我听到一些关于有新人家搬来的传言，不知道你对事实真相是否有所了解。有确切的证据表明此言属实吗，或者只是道听途说？”

“道听途说……道听途说？”波奇有些疑惑地说。他若有所思地挠了挠耳朵，拍打着。“好吧，我来告诉你。我听说两三天前，那个做房地产的家伙带着几个人去了大房子，里里外外转了个遍。我听说昨天木匠比尔·西基也去了大房子，他对着房顶、工具房、鸡舍检视了一番，还在纸上写写画画。我听说，今天连泥瓦匠路易·肯斯塔克也去了大房子，他在那些老旧的石墙和即将垮掉的台阶上四处敲打。我还听说了一件重要的事，非常重要的事。”他靠近了一些，用爪子猛击地面。“真的很重要。我听说提姆·麦格拉斯——你知道的，就是住在岔路口木屋里那位耕田种地的伙计——他今天下午也去了大房子。他把旧菜园、小路还有北边的田地都看了一遍，和木匠还有泥瓦匠一样在纸上写写画画的。现在，你说说，你怎么想？”

“我认为，”兔爸爸说，“这些听起来都是极好的兆头。新人家要来几乎是毋庸置疑的，种种迹象似乎都表明他们是勤于耕种的人。我们与这样的人家一定会相处融洽的。现在正适合种植蓝草……”兔爸爸是很多年前从肯塔基来到这里的，他总是提起那里的蓝草，大家都有些听厌了。

“蓝草在这儿长不好的，”波奇打断了兔爸爸，“蓝草在康涅狄格根本长不好。我嘛，只要有一片种满苜蓿和梯牧草的良田就行。梯牧草、苜蓿，要是再加上些鲜美的绿草——还有一个菜园。”波奇想着，眼睛都湿润了。“一些甜菜根，加上一点儿青豆，再搭上一大口马鞭草——”他突然不说了，狠狠撕扯稀疏的杂草。

兔爸爸怀着轻快了许多的心情继续漫步。毕竟，最近几年的日子实在太苦了。许多朋友都离开了兔子坡，他所有结了婚的子女都去别的地方安家了。兔妈妈看起来真的很憔悴，而且似乎越来越焦虑了。大房子里的新人家或许能唤回过去的好日子……

“晚上好，先生，祝你好运。”灰狐狸礼貌地说道，“我听说，新人家要来了。”

“也祝您度过一个美好、愉快的夜晚，先生。”兔爸爸回答道，“似乎种种迹象都预示着这件令人愉快的好事即将发生。”

“容我向你表达谢意，”狐狸继续说道，“为了昨天早上替我把那些狗给引开。我当时状况不佳，实在无力应对。你知道，最近这一带几乎找不到母鸡，我为了弄到一只，一路跑到了韦斯顿路。来回足足有八英里，那只母鸡是个难对付的老姑娘，身子沉甸甸的。那些狗向我扑来的时候，我真是筋疲力尽了。你对付他们的手段很高明，非常高明，真是感谢你。”

“别客气，孩子，不用客气，别放在心上。”兔爸爸说，“我总是喜欢跑到猎狗那儿去把他们引出来。以前在蓝草之乡的时候……”

“是啊，我知道。”狐狸赶紧说，“你是怎么对付他们的？”

“哦，就是把他们引到山谷里遛了遛。我带着他们穿过一丛丛欧石楠，跑到吉姆·科雷的电围栏那儿，把他们解决了。不过是一群愚蠢的畜生。实在不能称之为运动，级别太低。在蓝草之乡就不一样了，那里的猎犬可都是纯种的。啊，我还记得——”

“是啊，我知道。”狐狸说着，身影融入了灌木中。“不管怎么说，还是谢谢你。”

灰松鼠绝望地四处挖掘着。他总是记不清自己把坚果埋在哪儿了，而去年秋天又没多少坚果好埋。

“晚上好，先生，祝你好运。”兔爸爸说，“看来现在你最需要的就是好运了。”他看着松鼠忙活了半天却徒劳无功时，不禁笑了。“恕我直言，老朋友，以前你的记性似乎要好些。”

“我的记性就没好过，”松鼠叹了口气，“总是记不起来把东西放哪儿了。”他停下来休息，眺望着山谷。“我倒是能记起一些别的事，记得一清二楚。你还记得以前的日子吗？好人家还在的那时候，兔子坡的一切都很好。还记得圣诞节的时候，年轻人帮我们扎的圣诞树吗？就是那边那棵云杉，那会儿还是棵小树呢。他们在上面挂上小灯，给你们准备胡萝卜、卷心菜叶和西芹，给鸟儿们准备种子和板油（我也蘸过一点儿尝尝），给我们准备坚果——各种各样的坚果，全漂漂亮亮地挂在树枝上。”

“我当然记得，”兔爸爸说，“我相信，那段旧时光深深地留在了大家的记忆中。希望新人家的到来多多少少能让昔日美好的时光重现。”

“新人家要来了？”松鼠连忙问。

“传言如此，而且最近事态的进展似乎也证实了这一可能性。”

“太好了。”松鼠说，更有干劲地继续挖掘坚果，“我光顾着四处扒寻坚果了，还没听说这件事呢。我的记性真是糟透了——”

田鼠威利一路飞奔到鼹鼠挖的土脊的尽头，吹了声尖厉的口哨。“鼹鼠！”他喊道，“鼹鼠，快上来！好消息，鼹鼠，有个好消息！”

鼹鼠从地里探出头和肩膀，将他那张瞎了眼的脸转向威利，尖尖的口鼻微微颤动着。“好了，威利，好了，”他说，“这么激动做什么？有什么好消息？”

“绝对好的好消息，”威利上气不接下气地叫道，“哦，鼹鼠，你竟然还问‘什么好消息’！每个人都在谈论这件事。新人家要来了，鼹鼠，新人家要来了！那座大房子里，新人家……大家都说他们是种植户，鼹鼠，也许工具房里又会有种子了，种子和鸡饲料。它们会从缝隙里掉出来，这样我们冬天就不愁吃喝了，就像夏天一样！地下室里有暖气，我们可以紧挨着墙挖洞，这样里面就会既温暖又舒适。也许他们会种郁金香，鼹鼠，还有绵枣儿和雪光花！哦，要是现在能让我吃上一口脆嫩的郁金香球茎，拿什么交换我都愿意！”

“哦，又是球茎什么的那一套老把戏。”鼹鼠低声笑了笑，“我知道。我负责干所有挖洞的活儿，而你则跟在后面，吃掉所有球茎。对你来说是不错，可我得到了什么呢？除了责备，什么也没有。”

“为什么这么说，鼹鼠？”威利说，一副很伤心的样子，“你这么说太不公平了，真的。你明知道我们一直都是好朋友，总是彼此分享。我真吃惊你会这么——”他轻轻抽泣起来。

鼹鼠大笑起来，用他宽厚、坚韧的爪子拍拍威利的后背。“好了，好了，”他笑着说，“别总是这么敏感，我只是在开玩笑。如果没了你，我可怎么办？我怎么能知道周遭发生了什么呢？我怎么看东西呢？当我想看什么东西的时候，我是怎么说的？”

威利擦了擦鼻涕。“你说：‘威利，做我的眼睛吧。’”

“我就是这么说的。”鼹鼠衷心地说，“我说：‘威利，做我的眼睛吧。’你就是我的眼睛。你告诉我东西是什么样子，大小如何，是什么颜色。你描述得棒极了，没人能比你说得更好了。”

威利这时不再伤心了。“我告诉过你捕兽夹是什么时候设下的，毒药被放在哪儿，是不是？他们什么时候要割草我也会告诉你的，虽然这片草地已经很久没割过了。”

“你当然会的，”鼹鼠笑着说，“我毫不怀疑。现在，擦擦鼻涕走吧，我还得准备晚餐。最近这附近的虫子可不好找。”他钻回了土里，威利看着土脊在草坪下面慢慢延伸，随着鼹鼠的挖掘，末端的土块起伏和颤抖着。他蹦蹦跳跳地走过去，敲敲地面。“鼹鼠，”他喊道，“他们来的时候，我会做你的眼睛的。我会好好向你描述一切。”

“你当然会的，”鼹鼠的声音隔着泥土隐隐约约地传来，“你当然会的——如果他们真的种了郁金香，我绝不会惊讶。”

臭鼬菲维站在松林旁边，他正在俯瞰那座大房子。随着一阵轻微的沙沙声，红鹿出现在他身边。“晚上好，先生，祝你好运。”菲维说，“新人家要来了。”

“我听说了，”鹿说，“我听说了，也是时候了，不过我不是特别在意。我可以四处觅食。但对于兔子坡的一些小家伙来说，情况很不好，非常不好。”

“是的，你总是到处溜达，”菲维回答道，“但是你偶尔也是要吃一点儿菜园子里的蔬菜的，不是吗？”

“是啊，只要吃起来方便。”红鹿承认道，轻轻地嗅了嗅。“我说，菲维，你不介意稍微往背风面挪挪吧？就这儿，好了。多谢。要我说，我确实喜欢吃绿叶菜。像是嫩莴苣，嗯，还有嫩卷心菜。要很嫩的那种，太老的会让我消化不良。但是，当然，我最喜欢的还是番茄。番茄啊。你要是吃上一口鲜嫩多汁的番茄——”

“你吃吧。”菲维打断他，“就我来说，和你们不一样，我并不在乎他们是不是种植户。菜园对我来说无足轻重。我感兴趣的是他们的剩菜。”

“你确实有那种低级品位，菲维。”红鹿说，“嗯——顺便说一句，风向又变了，你能再挪挪吗？好了，这样就好了，谢谢。要我说——”

“这才不是低级品位！”菲维气愤地说，“你根本就不了解剩菜。剩菜和剩菜是不同的，就像人和人也不同一样。有的人扔的剩菜根本就不是剩菜——这么说吧，说它是剩菜都有些勉强。但另一些人扔的剩菜简直比任何东西都要好。”

“我可不这么想，”红鹿坚定地说，“比剩菜好的东西多着呢。顺便说一下，只是为了换个话题，狐狸指望着这里能有鸡，甚至能有鸭子。你应该对这个感兴趣吧。”

“鸡确实不错——小鸡崽们。”菲维承认，“鸭子也可以。但说回剩菜——”

“哦，天哪。”红鹿叹息道，“风向又变了。”他回树林里去了。

在深深的地底，土地仍是寒冷的，有的地方还残留着冻土。所有切根虫的祖父展开他脏兮兮的灰色身体，活动着僵硬的关节。他的声音低弱嘶哑，但足以将他成千上万的子孙从冬眠中唤醒。

“新人家要来了，”他嘶哑着嗓子说，“新人家要来了。”这声音在所有慵懒的毛毛虫中间传播着。慢慢地，切根虫们丑陋的身躯颤动着舒展开了。他们开始了漫长的爬行，钻过黏湿的泥土向上爬。他们要赶在植物的新芽出现之前到达地面，在那里做好准备。

就这样，消息在兔子坡到处流传。从低矮整齐的灌木丛到高大蓬乱的草丛，低低的讨论声随着小动物们的跑动四处响起。他们讨论着，猜测着这一重要事件。松鼠和花栗鼠一边沿着石墙轻快地跑过，一边大声传播着这个消息。在漆黑的松林里，猫头鹰、乌鸦和冠蓝鸦为了这个消息争论不已。在洞穴深处，访客来来往往，络绎不绝，有一句话被反反复复地说着：新人家要来了。

第二章　兔妈妈的担忧

兔子洞里，兔妈妈比平时还要担忧。任何事情，只要会打乱兔妈妈平静的生活步调，不论好坏，都会让她担忧，眼下极度兴奋的场面让她陷入了极度的恐慌之中。兔妈妈已经设想过种种随着新人家的到来可能会一同发生的危险与不快，现在又虚构出新的、不太可能发生的危险与不快。她跟人讨论过关于狗，关于猫，关于雪貂；关于霰弹枪，关于步枪，关于炸药；关于机关和陷阱；关于毒药和毒气存在的可能性。甚至，可能还有男孩！

她好几次说到一个最近尤为盛行的可怕的传言，说的是一个人把一根软管连在汽车的排气管上，另一端则插进小动物的洞穴里。据说好几个家庭的成员都在这样恶毒的暴行中丧生了。

“好了，兔妈妈，好了，”兔爸爸安慰她，“我已经说过好几次了，他们的不幸是由于他们自己将储存的食物堆在紧急出口这一失误造成的。虽然储存食物确实是度过严冬的必要之举，但是将紧急出口当作地窖和储藏室仍是十分愚蠢的。”

“不幸的是，或者说幸运的是，”他看着自家空空的木架和橱柜继续说道，“最近几年食物紧缺的状况让我们根本无法为过冬囤积大量食物，所以我们的紧急出口仍然十分畅通，修缮及时，运转良好。但我得说，你偶尔会把扫帚、拖把、水桶之类不必要的家用器具放在走廊里，这可不行，就在几天前我还因为那些东西狠狠摔了一跤。”

兔妈妈连忙把扫帚和水桶移开了，似乎安心了些。但每当东风把过路汽车的尾气味吹进家里来的时候，她还是会被吓得脸色苍白。

兔妈妈还想到一种可能：新人家可能会把他们的洞穴所在处的灌木砍倒，这样兔子窝就会暴露出来。兔爸爸承认确实有这种可能，但可能性非常小。“即使此事确实会发生，”他说，“我们要做的也不过是从这里搬走而已。虽然随着时间的推移，我确实对如今这处住所有了深厚的感情；但这里每年都有一些时节会变得非常潮湿。我注意到，最近我出现了一些痛风（一种家族遗传病）的征兆，如果能搬去一个地势更高的地方，将会使病情得到极大的改善。我早就看上了松林边的一块地，如果新人家到来后迫使我们不得不搬家，我相信，也未尝不是件好事。”

一想到要离开现在的家，兔妈妈便泣不成声。兔爸爸赶紧把话题转移到新人家养猫和狗的可能性上。

“至于猫，”他说，“完全取决于父母适当的管教。我们都知道，孩子可以听听猫的声音，但不能让他们与猫面对面接触。如果我们好好将他们关在室内直到他们能够照顾自己为止，如果我们教育他们要一直谨慎观察与保持警惕，那么来自猫的威胁就微不足道了。猫的长跑能力弱得可笑，他真正的武器只有突袭。而就像我之前说的，我相信我已经成功地教会了我们所有的孩子如何避免被突袭。

“遗憾的是，我的一些孙辈被娇惯坏了，还得到允许享有我那个时代不曾拥有的自由。这种放纵的教养方式最终往往会造成致命的结果。我的孩子，我希望，”他说，严厉地盯着小乔治，“我希望你能从中吸取应有的教训。我的孙辈明妮、亚瑟、威尔弗雷德、莎拉、康斯坦斯、萨雷普塔、霍格斯和克拉伦斯都因为猫而落得悲惨的下场，你可不要掉以轻心。”

小乔治保证他不会。兔爸爸提起的那些失去的孩子让兔妈妈又开始哭了，所以兔爸爸继续说了下去。（如果没什么东西让他停止，他总是会继续说下去的。）

“依我看，狗实际上会是很受大家欢迎的新成员，路口的胖大叔养的那些粗野的家伙根本不值得绅士关注。要是偶尔能和血统高贵的猎犬跑上几圈，我会很开心的。在蓝草之乡，我土生土长的地方——”

“是啊，我知道，”兔妈妈插嘴道，“我知道蓝草之乡的事，但你别忘了波奇，他是你最亲密的朋友之一——”

“波奇确实是个问题，”兔爸爸承认道，“他竟然愚蠢地选择了把家安在那座大房子旁边，我已经向他指出过很多次了，这样做非常不明智。如果那里住的还是之前的房客，那当然没什么关系，他就是住进客厅，房子里的人也没意见。但如果狗来了，他目前的住处就会变得极为危险。要是新人家真的带着狗来，我一定得强硬点，再和他说说这个问题。”

兔妈妈忧心忡忡，不容别人分散她的注意力。“还有春天的大扫除，”她烦躁地说，“我本打算这周开始做的，但现在情况这么复杂，人们进进出出，我根本找不到合适的时机。还有安诺达叔叔，他住在丹布里路，米尔德里德结婚后，家里就剩下他一个了。他上了年纪，我无法想象他的窝现在会是什么样子。我一直想着就算食物不多，也要在夏天的时候邀请他上我们这儿来。但现在新人家要来了，可能带着狗一起来，还有机关、陷阱、弹簧枪甚至毒药，我不知道——我真不知道——”

“事实上，”兔爸爸说，“我认为现在是安诺达叔叔来拜访我们的好时机。原因如下：第一，正如你指出的，自从米尔德里德离开后他就非常孤单，因此换个环境无疑会对他十分有益。第二，据我了解，丹布里路的食物状况比我们这儿还糟糕，所以如果新人家如我们推测的那样是种植户，他的食物状况就能大大改善。一言以蔽之，他会吃得很好。第三，作为家族现存的最年长的成员，安诺达叔叔与人类打交道多年，应对人类的经验十分丰富。尽管我不认为新人家的成员会是些不好相处的人，但把各种可能性都考虑到也是没错的。那么，针对因此可能会出现的种种问题，安诺达叔叔的建议和忠告都会是极为宝贵的。

“因此，我建议立刻去把安诺达叔叔请来。我很乐意亲自前往，但兔子坡最近几天事务繁多，我必须关注。如此一来，这个任务就落到了小乔治身上。”

小乔治兴奋得心脏怦怦直跳，但他仍控制着自己安静地躺着。兔妈妈又有了新一轮的担忧，兔爸爸尽可能地安抚她。不管怎么说，小乔治现在确实是个大男孩了。他跑得几乎和兔爸爸一样快，熟悉大部分逃生技巧。过去几个月一直是他负责去路口胖大叔那里买东西，他能轻易避开狗，每天安全往返黑暗小路两次。去年秋天大家都去参加了米尔德里德的婚礼，所以他认识安诺达叔叔的家。还有什么理由不让他去呢？当然，在现在这个节骨眼儿上，他不想错过兔子坡的任何一点儿变化，但去丹布里路的旅行也非常让人激动。他只是去两天而已，这点时间里不会发生什么大事的。

小乔治渐渐睡着了。沉入梦乡之前，他听见兔妈妈仍在担忧，而兔爸爸不停地说呀——不停地——不停地——

第三章　小乔治唱歌

天刚蒙蒙亮小乔治就踏上了他的旅程。尽管十分担忧，兔妈妈还是给小乔治做了一份小巧但营养丰富的午餐。午餐和给安诺达叔叔的信一起装在一个小背包里，让小乔治背在肩上。兔爸爸一直把小乔治送到双子桥边。他们轻快地走下山坡时，整个山谷都被包裹在雾气里，仿佛一座湖泊。而那些从雾气里露出的圆圆的树梢像是湖中漂浮的小岛。老果园的果树上升起一阵美妙的合唱声，那是鸟儿们在迎接新的一天。鸟妈妈们一边清扫和整理巢穴，一边叽叽喳喳地叫着，大声斥责着。在最高的树枝上，雄鸟们纷纷鸣啭着，尖叫着，互相嘲笑。

家家户户都还睡着，就连路口胖大叔的狗也很安静，但小动物们都已经醒了。他们遇到了在韦斯顿路熬了一夜的灰狐狸，他看上去腿脚发软，昏昏欲睡，嘴角还沾着几根鸡毛。红鹿优雅地小跑着穿过黑暗小路来向他们问好并祝他们好运，但这一次，兔爸爸没时间进行冗长的寒暄了。这是正事，在这个地区没有哪只兔子比兔爸爸更专注于这件正事了——哪怕有，也屈指可数。

“好了，孩子，”他坚定地说，“你的妈妈已经十分紧张了，你可千万不能因为冒不必要的风险或者粗心大意再让她担惊受怕了。别拖延磨蹭，也别鲁莽犯傻。靠近大路但要保持距离。过桥和十字路口的时候要谨慎。当要过桥的时候你应该怎么办？”

“我先藏好，”小乔治回答道，“然后等上好一会儿。我四下观察有没有狗，前后确认路上有没有车。确认一切安全后我再跑过桥——速度要快。然后再次藏好，观察四周，确认没有被人看见。接着我再继续赶路。过路口的时候也是一样。”

“很好。”兔爸爸说，“现在说说你会遇到的狗。”

小乔治闭上眼，认真地背起来：“路口胖大叔：两条杂种狗；古德山路：达尔马提亚犬；长山上的房子：

柯利牧羊犬，很吵，叫起来没有什么气势；诺菲尔德教堂转角:警犬，很蠢，嗅觉差;高山脊上的红色农舍:斗牛犬和塞特种猎犬，都很胖，不用费心对付；有大谷仓的农舍：老猎犬，非常危险……”还有许多。他背出了去丹布里路一路上会遇到的所有狗，一点儿错误也没出。看到兔爸爸赞许地点点头，小乔治心里感到很骄傲。

“非常好，”兔爸爸说，“那么，你还记得急停迂回的技巧吗？”小乔治又闭上眼睛，快速地一口气说道:“向右急转向左回，向左折回向右回，紧急刹车翻身跃，右跳左跳接假摔，灌木底下深深藏。”

“好极了。”兔爸爸说，“现在仔细听好，要正确估量你遇到的狗。别在那些慢悠悠的家伙身上浪费你的速度，你要把精力留到别处。如果遇到一个喜欢猛冲的，折回，暂时不要动。顺带一提，你的急停做得还是不怎么好。你总是抖动你的左耳，要注意些。高山脊那一带非常开阔，所以要在石墙的阴影里活动，注意地上的土堆。波奇在那儿有很多亲戚，如果你真的被追急了，他们会很乐意让你避避风头的。只要告诉他们你是谁就行，过后别忘了向他们表达谢意。一次追逐结束后，躲好，休息至少十分钟。要是真得逃命的话，就系紧背包，放平耳朵，肚子紧贴地面，然后快跑！

“你差不多该走了。要时刻记住——别鲁莽犯傻。最迟明天晚上，你和安诺达叔叔就该回来了。”

小乔治完美地穿过了双子桥，向兔爸爸挥手告别，然后便独自上路了。

他穿过古德山路时雾还没散，天灰蒙蒙的，达尔马提亚犬还在睡觉。到长山时一切都很安静，柯利牧羊犬并没有出现。靠近诺菲尔德教堂转角时，人们开始活动了，厨房的烟囱里冒出蓝色的轻烟，空气中弥漫着煎培根的香气。

正如他预想的那样，警犬追了他一阵，但他没在这件小事上浪费时间。他不紧不慢地蹦跳着，直到他们来到一棵倒在灌木丛里的老苹果树前才突然停下。他向右一跳，然后静止不动。那只畜生咆哮着超过小乔治，一头冲进了纠结缠绕的荆棘丛中。他痛苦的哀嚎在小乔治听来却是美妙的音乐。而这时，小乔治正泰然自若地继续向高山脊前进。他真希望兔爸爸在场，这样他就能看到自己刚才对付警犬的技巧是多么熟练，而且他急停的时候左耳一点儿也没有抖动。

小乔治到达高山脊的时候，太阳已经完全升上天空了。在红色农舍的门廊上，胖胖的斗牛犬和塞特种猎犬正沐浴着温暖的阳光呼呼大睡。如果是别的时候，小乔治会有意弄醒他们，欣赏他们试图追上自己的蠢样。但他牢记着兔爸爸的教诲，只尽职尽责地继续自己的旅程。

高山脊的地势狭长又开阔，小乔治一点儿都不感兴趣。绵延数英里的森林和草甸组成了美丽的风景，但小乔治不是特别在意。碧蓝的天空和奶油泡芙般明亮的云朵也很漂亮，还有温暖的阳光，它们让小乔治感到十分舒适。但说实话，他开始有些厌倦了。为了排解烦闷，他开始编一首简单的歌曲。

歌曲的歌词已经在他的脑袋里转悠几天了，曲调也是。但他不知道怎么把它们合在一起。所以他哼哼唱唱又吹口哨，把歌词这样唱又那样唱，停下，重新开始，改变曲调，最后终于把第一句编排妥当了。所以小乔治反复唱着这一句，以免他编第二句时把第一句给忘了。

小乔治肯定是在歌曲上太全神贯注了，以至于粗心大意，险些丢了性命。他几乎没有注意到自己已经跑过了那间有大谷仓的房子，在他正要第四十七遍唱第一句时，老猎犬咆哮着从他的身后冲了出来。猎犬离他那么近，小乔治都能感觉到他热乎乎的鼻息。

小乔治本能地连蹦了好几下，暂时脱离了危险。他停了几秒，系紧背包，然后重新以一种稳定的速度奔跑起来。兔爸爸说过，“别在那些慢悠悠的家伙身上浪费你的速度”。他试着迂回，绕了几个圈子，但他知道这是没用的。这块地太空旷了，那只老猎犬又深谙所有技巧。不论他怎么转向、闪躲，老猎犬还是在那里，步伐笨重地向乔治跑过来。乔治四处寻找土拨鼠洞，但他一个也没看到。“好吧，看来我只能拼命逃出去了。”小乔治说。

他系紧背包带，放平耳朵，肚子紧贴地面，然后跑了起来。他跑得多快啊！

温暖的太阳令他的肌肉放松，空气令他欢欣鼓舞，小乔治蹦跳的距离一次比一次远。他从未感到自己如此年轻力壮过。他的腿就像盘紧的钢制弹簧，自主地释放着弹力，好像他自己根本不需要付出任何努力一样。他只能感觉到自己的后腿撞击在地面上，每次落地弹簧就再次伸缩，将他推向空中。他越过篱笆，越过石墙，就好像它们只是鼹鼠堆起的小土堆。啊，简直像在飞！现在他明白燕子纪普飞行时是什么感觉了，他根本无法形容。他回头看了一眼老猎犬，对方已经落后很多了，但仍在迈着沉重的步子追逐着。他已经很老了，一定跑得很累。而小乔治却随着每一次跳跃感到更加强壮和充满活力。这个老傻瓜为什么还不放弃，回家去呢？

就在小乔治高高跃起，看见山头那边的景象时，他明白原因了。他忘了死神小溪！它就在他面前，又宽又深，环成一个银色的圈。他作为来自蓝草之乡的绅士猎人兔爸爸的儿子，竟然被赶进了一个连波奇都能避开的圈套里！不管他向左拐还是向右拐，环形的小溪都会拦住他的去路，而老猎犬就能轻易追上他。他别无他法，只能跳过小溪！

这一令人生厌的认识并没有让小乔治减缓他的脚步，不仅如此，他还跑得更快了。向上的缓坡也在帮助他，他的步子迈得更大了。风在他的耳边呼呼作响，但他仍然保持清醒，就像兔爸爸希望的那样。他将一处又高又坚实的河岸选作起跳点，计算好了自己的步伐，这样就能够精准地落在对岸。

起跳很完美。他把腿上的每一寸肌肉的力量都用在那最后一跃上，向着空中高高跃起。在他脚下，他能看到奶油泡芙般的云朵倒映在深色的水面上，鹅卵石躺在水底，还有一道银色的闪光，那是被他飞翔的影子吓得四处乱窜的米诺鱼。接着，随着一次令人惊叹的撞击，他着陆了。连着翻了七个跟斗后，他坐在了一簇柔软鲜嫩的青草上。

他僵住了，一动也不动，只有两肋在起伏。他注视着老猎犬奔下山坡，声若雷鸣，却只能打着滑停下。他厌恶地看了一眼溪水，然后缓缓地往回走，滴着口水的舌头几乎拖到了地面上。

小乔治不用特别回想兔爸爸说的追逐之后要休息至少十分钟的规定，因为他深知自己已经累坏了。他还记得自己的午餐，所以他解开背包，边吃午餐边休息。刚才他真的吓坏了，但当他喘匀了气，午餐也吃下了肚，他的精神便又恢复了。

兔爸爸知道的话会很生气的，肯定会的，因为小乔治犯了两个非常愚蠢的错误：他让自己受到了突袭，而且还径直跑进了一个危险的圈套。但是那一跳！在这个地区的历史上，还没有谁能够跳过死神小溪，就连兔爸爸也不行。小乔治标记了准确位置并且算了一下小溪的宽度——至少有十八英尺！随着精神越来越振奋，他的歌词和曲调突然就相互应和了起来。

小乔治躺在温暖的草地上，唱起了他的歌——

新人家要来啦，嗨呀！
新人家要来啦，嗨呀！
新人家要来啦，嗨呀！
嗨呀！嗨呀！

歌曲的词没有多少，调也不复杂，曲调由低到高又由高到低，结束在它开始的地方。或许人们会觉得这歌有些单调，但小乔治觉得它正正好。他大声唱着，柔声唱着，一会儿唱得像一首凯旋赞歌，一会儿唱得像一篇危机四伏的小说。他一遍又一遍地唱着。

向北飞去的红腹知更鸟停在一棵小树上，向下喊道："嗨，小乔治，你在这里做什么？"

"我要去接安诺达叔叔。你去过兔子坡了吗？"

"刚从那儿来。"知更鸟答道，"大家都很激动，好像是有新人家要来了。”

“是啊，我知道。”小乔治急切地说，“我刚刚为此编了一首歌，你想听听吗？是这样唱的——”

“不，谢了。”知更鸟说，“我得走了——”他说完就飞走了。

小乔治丝毫没有气馁。他一边把背包收拾好，一边又唱了几遍他的歌。他继续上路了。这是首很适合边走路边唱的歌，所以他一边走过高山脊余下的路，一边唱着歌。他走下多风山，沿着乔治镇绕了一圈。傍晚时分他到达丹布里路时还在唱着这首歌。

当小乔治刚唱完第四千遍，“嗨呀！”声刚落下，一道尖锐的嗓音从树丛中传来，打断了他。“嗨呀！——什么呢？”

小乔治猛地转过身。“嗨呀——天哪！”他叫道，“怎么——怎么是安诺达叔叔。”

“当然是我。”那个声音笑道，“正是我，安诺达叔叔。进来吧，乔治，进来——你离家可真远。如果我是只狗，刚才那一下我就抓到你了。你老爹竟然没多教你点东西。快进来吧。”

虽然兔妈妈担心过安诺达叔叔家因为没有女人收拾而有些不整洁，但就算是在她最悲观的时候，她也想象不到这里究竟乱成了什么样子。

这毫无疑问是个男性的家。虽然小乔治很羡慕单身汉的自由，但他也不得不承认这里真是脏极了，有无数的跳蚤在屋里跳来跳去。在户外活动了一天之后，室内的空气简直令乔治窒息，毫无芳香可言。也许是安诺达叔叔抽的那种烟的烟草味——小乔治希望如此。叔叔的烹饪技巧同样没什么好指望的，他们的晚饭只有一根放了很久的、干巴巴的芜菁。吃完这粗劣的一餐后，小乔治建议他们坐在外面，他拿出了兔妈妈的信。

“还是你读给我听吧，乔治，”安诺达叔叔说，“我不知道又把那该死的眼镜放哪儿去了。”小乔治知道他不是把眼镜弄丢了，他根本没有眼镜，只是不认识字而已。但是这样的礼节总是要讲的。小乔治拿出信认真读道：

亲爱的安诺达叔叔：

我希望您一切安好，但我知道，自从米

尔德里德结婚离开后，您就很孤单，所以我们希望您能来和我们一起共度夏天，因为我们这儿要来新人家了。我们希望他们是种植户，那样的话，我们就有好东西吃了。但他们也可能会养狗，或者用毒药、陷阱还有弹簧枪，也许您不该冒这个险，虽然您年纪已经很大了。不管怎么说，我们还是很期待见到您。

爱您的侄女

莫莉

还有一条附言写着，“又及，请别让小乔治弄湿他的脚”，但小乔治没有把这句读出来。说什么呢！他，小乔治，跳过了死神小溪，善于跳跃的小乔治会把脚弄湿？

“好吧，”安诺达叔叔说，“好吧，真是封不错的信，真不错。不知道怎么办，但我会去的。自从米莉[1]出嫁走了之后，我在这里的确挺孤单的。至于食物——

---

① 米尔德里德的昵称。

对胡萝卜吝啬的人，是我见过的最吝啬的人，这里的人连胡萝卜都吝啬，所以是最吝啬的。是的，先生，我想我会去的。当然，新人家要来可能是好事，也可能是坏事。不管是好是坏，我都不信任他们。我也不信任以前的人家。对于以前的人家，你多少有所了解，知道可以相信什么，不相信什么；而对于新人家，你就一无所知了。不管怎么说，我想我会去的，我会去的。你妈妈还会做以前那种好吃的豌豆莴苣汤吗？”

小乔治向他保证兔妈妈还会做，希望他到时候能喝上一碗。“我编了一首关于新人家的歌，”他急切地加了一句，“你要听听吗？”

“不用了，”安诺达叔叔回答道，“想睡哪儿就睡哪儿吧，乔治。我还有点东西要收拾，明早要早起。我会叫醒你的。”

小乔治决定在外面的树丛下睡。夜晚很温暖，地洞十分坚固。他哼着自己的歌，当作摇篮曲。这首歌很适合做摇篮曲，因为小乔治还没唱完第三遍，就已经甜甜地睡着了。

第四章　安诺达叔叔

他们很早就出发了，因为安诺达叔叔的确上了年纪，实在走不快。不过，安诺达叔叔的技巧和对乡间情况的了如指掌完全能够弥补他在速度上的不足。他知道每一条小路和捷径，每一只狗和每个藏身处。一整天他都在指导小乔治作为一只兔子需要知道的各种技巧，在这方面他懂的比兔爸爸还多。

他们一直躲在石墙和树篱的阴影里，远远绕开每一栋有危险的狗所在的房子；当他们停下休息时，他们总是停在一步就能跃进洞里或者荆棘丛里的位置。他们在死神小溪停下吃午餐，小乔治骄傲地指出了自己跃过死神小溪的起点和终点。他们甚至找到了深深的脚印，正是小乔治落地时留下的。

安诺达叔叔精明而老练地看了看宽阔的小溪。“了不起的一跳啊，小乔治，”他承认道，“了不起的一跳。你老爹做不到，我自己也做不到，就算是年轻时也不行。是的，先生，了不起的一跳。不过你不该被突袭，也不该让自己陷入这样的困境。不，先生，这完全是粗心大意了。你可别觉得你老爹会高兴。”小乔治确信他老爹不会高兴。

午餐十分糟糕，因为是用安诺达叔叔食品柜里那些边角料做的，而食品柜里从来就没有过多少东西。不过阳光温暖，天空碧蓝，老绅士似乎想要休息休息，并讲了下面一番话。

“你知道吗，乔治，”他舒服地向后躺进深深的草丛里，说道，“你唱了一整天的那首歌——算不上是歌，甚至算不上有调，却很有意义，尽管你自己都不一定知道。我来告诉你为什么——因为总有新人家会来，这就是原因。总有新人家会来，总有新时代会来。

“因为，你看看我们正走着的这条路。我记得我的祖父告诉过我，当初他的祖父告诉他说他的祖父常常说起的很久很久以前的日子。那时，英国红衫军步履沉重地走过这条路，扫荡丹布里路，一路咆哮、射击，烧掉了所有的房子、谷仓和庄稼，这一带的人家奋起反击。他们当中有很多人就埋在这里的果园里。所有的家园不复存在，小动物和食物也都不见了。那真是个糟糕的时代，糟透了。但后来士兵们走了，他们的时代也过去了，总有新人家会来，总有新时代会来。

“我们这些小动物只管专心养育我们的孩子，忙我们自己的事。但是新的人家不断搬来。过了一阵子，整座山谷里都建起了磨坊和工厂，高山脊的田地里长满了小麦、土豆和洋葱。到处都是人，高大的四轮马车隆隆作响地在这条路上穿行，谷粒和草料从车上漏下来，撒得到处都是。那是个好时代，对所有人来说都是。

“但接着，没多久，所有年轻人都沿着这条路走了，穿着蓝色的军装，又唱又笑，带着装在纸袋里的饼干，枪上插着花。他们中的大部分人都没再回来，老人们死了或者走了，磨坊倒塌了，田地被野草占据，又回到坏时代了。但我的爷爷和奶奶只是专心养育我们，忙着自己的事，然后又有新人家来了，黑暗小路上有了新房子和学校，还有了汽车。你马上会明白的就是，好时代又来了。

"有好时代，乔治，也有坏时代，但它们都会过去。有好人家，也有坏人家，但他们也会过去——而新人家总会来。这就是你唱的那首歌确实有点意义的原因——尽管它真的很单调，非常单调。我要打个盹儿，就十分钟。你得把眼睛睁大点。"

小乔治眼观六路，耳听八方，他才不会再被偷袭呢。他开始思考安诺达叔叔刚才说的话，但思考总让他犯困，所以他在小溪里洗了洗脸，又洗了洗爪子。他收拾了一下他们的行李，看着河岸上的树枝投下的影子。影子的移动表明了时间，十分钟一到，小乔治便叫醒叔叔，他们继续上路了。

安诺达叔叔离开的消息传遍了丹布里路，许多小动物都来到路边和他告别，祝他好运。土拨鼠们也来到了高山脊边，都想要给波奇捎点消息。所以当小乔治他们走过长山向双子桥前行时，已经是下午很晚的时候了。他们现在又累又热，满身灰尘。在他们快到北边的小溪时，安诺达叔叔似乎心事重重。他们在小溪边的河岸上休息时，他突然决定说出来。

"乔治，"他突然说道，"我要这么做。是的，先生，我要这么做。你知道，女人们在某些事情上是很奇怪、很特别的，你妈妈尤其特别。我不知道我上一次做这种事是多少年以前了，但我现在要去做。”

“做什么？”小乔治迷惑地问。

“乔治，”安诺达叔叔郑重其事地说，“仔细听好，你可能这辈子都不会再听到我说这句话了。乔治——我要洗个澡！”

洗过澡后干干净净，神清气爽，打扮整齐的小乔治和叔叔继续赶向兔子坡。归心似箭的小乔治格外急切地跑着，就算隔着这么远，他也知道在他不在的这段时间里发生了什么事。因为大房子屋顶上的瓦片闪闪发亮，空气里充满了松木刨花和新刷油漆的芳香。

兔爸爸和兔妈妈高兴地迎接了他们。在安诺达叔叔将自己为数不多的行李放进客房的时候，小乔治迫不及待地说着他这一路的奇遇。当然，兔爸爸对于他竟然因为粗心大意被老猎犬突袭感到十分生气，但知道小乔治跃过死神小溪以后，兔爸爸的内心充满了自豪，甚至没有显示出该有的严厉。

“还有，妈妈，”小乔治兴奋地继续说道，“我还编了一首歌，是这样唱的——”

兔爸爸举起一只爪子，示意大家安静。“听。”他说。他们都听着，一开始小乔治什么也没听见；然后，突然，那声音传入了他的耳朵。

所有小动物此起彼伏的齐声合唱响彻整座兔子坡，而他们唱的原来是他编的歌——《小乔治之歌》！

在大房子边，他能听到波奇不成调的声音：“新人家要来啦，嗨呀！”他能分辨出非维的声音，还有红鹿和灰狐狸。田鼠威利与兄弟姐妹尖厉高亢的声音听起来像远处隐隐的钟声。“嗨呀！嗨呀！”他听见鼹鼠低沉的声音从草皮下传来。兔妈妈准备晚餐时，一边四下忙碌一边哼着这首歌。就连开心地在汤锅边嗅着味道的安诺达叔叔，也会偶尔尖声和上一句，“嗨呀！”

比尔·西基和他的木匠们正要离开，他们的卡车驶下车道时，小乔治听见他们都在吹口哨——吹的正是他的歌！

在小路尽头的小木屋里，提姆·麦格拉斯正开心地修理着他的拖拉机，拖拉机闲置了整整一个冬天，现在要恢复一下状态。他的犁已经清理干净、打磨完毕了，耙也准备好了。他一边干活儿，一边唱着一支歌。

“你从哪儿学的这首歌？”他的妻子玛丽从厨房

的窗户那边探过头问道。

“我也不知道。”提姆说，“嗨呀！新人家要来啦，嗨呀！新人家——”

“这是件好事，”玛丽打断他说，“有新人家来是件好事，冬天也过去了，我们之前都没什么活儿干。这是件好事。”

“——要来啦，嗨呀！现在要干的活儿多的是。”他大声道，“有菜园子要收拾，很大的菜园子；有草皮要铺，北边的田地要犁，然后播种，有树要砍，有树丛要清理，车道要修理，灌木丛要移植，鸡要养，活儿多的是——嗨呀，嗨呀！新人家要来啦，嗨——”

“我觉得这算不上是一首歌，”玛丽说，“但这是件好事。”

尽管如此，几分钟后，在清洗碗碟的碰撞声之下，提姆听见她还算动听的声音惬意地低声哼唱着。“——要来啦，嗨呀！新人家要来啦，嗨呀！”

泥瓦匠路易·肯斯塔克正在往卡车上装货。在他把泥刀、水桶、锤子、铁锹、水管、水泥袋还有各种他明天会用到的东西扔上车时，他哼着歌，有些跑调但十分高兴。很难分辨曲调，词也不怎么清楚，但听起来像是“——人家要来啦，嗨呀！新人家要来啦——”

在转角商店，达利先生正在整理货架，预订新货。他不需要进太多新货，因为刚过了一个严酷的漫长冬季；附近没什么人，他的货架几乎和去年秋天一样满满当当。但现在冬天结束了，春天的第一缕暖风已经透过打开的门吹了进来。沼泽里，雨蛙像雪橇的铃铛似的叫个不停。

达利先生坐在他的高脚凳上，在他的清单上勾勾画画。他边写边唱着一首短短的歌——“新人家——咖啡两打，腌牛肉，十二份——要来啦，嗨呀！新人家——淀粉三盒，火柴，辣椒，玉米淀粉，盐，姜汁汽水——要来啦，嗨呀！新人家要来啦——餐巾纸，醋，酸黄瓜，杏干——嗨呀！”

“嗨呀！嗨呀！”

第五章　波奇固执己见

接下来的几天兔子坡发生了几件大事。实际上，发生的事情太多了，兔爸爸由于时刻关注着事情的发展，都把自己累坏了。蔬菜园被犁过、耙过、翻整过。这是个又大又肥沃的菜园，比之前的面积要大上一倍。园子周围没有篱笆，这让所有小动物都松了一口气。花坛里耕种过，施过肥，所有的草地被翻过土、修整过，就等播种了。

现在正在翻耕北边的田地。提姆·麦格拉斯开着隆隆作响的拖拉机，看着棕色的土壤被犁头翻上来，形成一道道线条流畅的、笔直的犁沟，快活地吹着口哨。兔爸爸和波奇站在波奇家门口，赞赏地看着这一切。拖拉机的吼声停下时，正在砌一堵石墙的路易·肯斯塔克对提姆喊道："提姆，他们要在这儿种什么？"

"荞麦。"提姆答道，"先种荞麦，然后翻过地再种苜蓿和梯牧草。"

"你听到了吗？"波奇高兴地用手肘推了推兔爸爸。"荞麦！我都记不得我有多久没见过一块好的荞麦田了。天哪，真是太棒了！"

"你听见他们提到蓝草了吗？"兔爸爸满怀希望地问。

"没听见。"波奇说，"但我有荞麦就够了，对肯塔基的那些奇怪玩意儿不感兴趣。我想你老伴儿听见这个消息也会很高兴的，她以前做过的荞麦蛋糕可好吃了。想想吧！"他喜不自胜地叹了口气："整整一块荞麦田就在我家院子里，可以这样说吧！"

"这倒提醒了我，波奇，"兔爸爸开始说了，"我必须和你严肃谈谈你现在居住位置的潜在危险。万一新人家——"

波奇粗鲁地打断了他。"如果你的意思是又要劝我搬家的话，那还是省口气吧。我是不会搬走的。"他顽固地耸了耸肩，"我是不会搬的，就这样。兔子坡上再也找不到比这儿更好的地洞了。我为这里花了许多心血——我是不会搬的。”

“就像我刚才说的，”兔爸爸继续说道，“万一新人家带来了狗，你现在这个位置紧挨着房子，会变得极其危险。”

“我能照顾好我自己。”波奇咕哝道。

“没人质疑你的勇气或是你保护自己的能力，波奇。”兔爸爸有些不耐烦了，“但你固执和蛮不讲理的态度让你的朋友十分痛心。

“我已经与红鹿还有灰狐狸谈过了，如果新人家真的养了狗，你还是这么不听劝，尽管我们并不乐意，但我们还是会采取强制措施让你搬去一个安全的地方。我们和菲维也谈过了，他非常支持我们。你也知道，他不消片刻就能让你的家变得完全不宜居住。如果有必要的话，他已经做好了这样做的准备。”

宣告完最后通牒之后，兔爸爸昂首阔步地走开了。然而波奇更加固执地耸着肩膀，继续咕哝道：“我不会搬的，不会搬的。”

兔爸爸找到菲维和灰狐狸时，他们正在查看新修理的鸡舍和养鸡场。养鸡场是用结实的铁丝围起来的，但灰狐狸已经选好并标记了他准备从地下打洞的地方。菲维更喜欢小鸡，正考虑直接在鸡笼下面打洞。“如果能偶尔吃上一只小鸡，那可就太好了，”他说，“要是剩菜够好的话，我都不用上这儿来。我只希望他们不要用那种新发明的埋在地里的垃圾桶，那上面盖着沉重的铁盖子。唉，这种垃圾桶危险极了，压根儿不应该用。

“我一个在炭山的表亲就是被那种垃圾桶困住的。盖子打开的时候没什么问题，他正在里面享受呢，砰的一声，盖子落了下来，他就被关住了。在里面待了一整晚。他是吃够了，第二天早上女仆打开盖子的时候，也被臭鼬熏够了。”他轻声笑道，“当天她就收拾东西走人了。那些人活该倒霉，就不应该用这种危险的奇异装置。”

“也许他们会挖个坑来埋剩菜。”兔爸爸猜测。

“那样我也不喜欢。”菲维答道，“那就完全是浪费了，新鲜的垃圾、不新鲜的垃圾，还有吃过的空罐头和灰尘，都会混在一起。不，先生，我想要的是一个好用的老式垃圾桶，有个漂亮、宽松的盖子。如果这些人是体贴周到的人，就会使用这种垃圾桶。”

兔爸爸觉得这个话题有些令人反感，于是继续散步去了。没过一会儿，他又遇上了田鼠威利和他的朋友鼹鼠。

“晚上好，威廉[①]。”兔爸爸说，“我猜，你所有的亲朋好友都赶在北边的田地犁地前搬离那里了吧？”

“确实如此，先生，谢谢您问起。”威利礼貌地答道，“大家都很感激您及时发出警告。”

“不值一提，不值一提。”兔爸爸答道，“我只是恰巧听见麦格拉斯先生提到他第二天要犁地，所以才能把这个消息告诉大家。我真希望某些人也能这样干脆地听从他人好心的建议。”

“您是说波奇吗？”威利问道，“他可不就是个固执的老头嘛。”

兔爸爸严厉地盯着威利。“威廉，波奇先生是我们这个地区最年长和最受人尊敬的成员之一，他理应受到你们这些无礼的年轻人的尊重。”

“是的，先生。”威利说。

“鼹鼠，”兔爸爸审视着被耙得光滑平整的草地继续说道，“这是一块很漂亮的草坡，你在这儿可以好

---

① 威利是威廉的昵称。

好享受一番挖地洞的乐趣了。”

鼹鼠捡起一块土块，用爪子捏碎。“有点太软了，”他说，“而且所有的蛆虫早就被吓得四处逃窜了。不过再过两三周就好了，到时候嫩草开始生长，蛆虫又会聚过来（你知道的，它们最爱吃美味的嫩草根）。到那时候，我就能好好地大吃一顿了。”

就在这时，小乔治飞奔而来，高喊着新消息。“明天就来了，爸爸，”他喊道，“明天就来了。我刚听到路易·肯斯塔克告诉提姆·麦格拉斯他们，得把车道上的那些窟窿填上，因为搬家的卡车明天要来。新人家也是——明天就来了。”

“好极了，”兔爸爸说，“我们终于能够查明新邻居的性格和爱好了，也能知道随之而来的是猫还是狗的危险了。顺带一提，乔治，别在你妈妈面前提搬家的卡车。你还记得小斯洛克莫顿吧？”

小乔治记得，记得很清楚，因为斯洛克莫顿曾是妈妈非常喜欢的一个孙子。一辆搬家的卡车撞飞了他，从那以后兔妈妈就对搬家的卡车怀有一种毫无理由的恐惧。

当然，新消息就像野火一样蔓延开来。整个晚上兔子洞里都充满了议论声和各种猜测，访客进进出出，络绎不绝。兔爸爸关于不要提到搬家的卡车的提醒完全是徒劳，而兔妈妈一得知新人家要来的消息，就立即喊了出来。"搬家的卡车。"她说，随即就泪流满面了。她把围裙蒙在头上抽泣了一会儿，要求小乔治明天一天都待在兔子洞里，直到所有的危险都过去。

"别这么小题大做了，莫莉。"安诺达叔叔安抚道，"这可没什么道理。像这样一条全是坑洞的车道，弯弯曲曲破破烂烂的，搬家的卡车在上面根本开不快，连一只箱龟都躲得开。再说了，我会在场的。如果说我都不了解搬家的卡车、人类，还有猫和狗的话，那就没有谁了解了。"

兔妈妈发誓说她一整天都不会离开兔子洞一步，但安诺达叔叔捅了捅兔爸爸。"别担心，"他轻声笑着说，"她会出来的，会和我们大家一起看着这一切的。我也同样了解女人。"

第六章　搬家的卡车

重要的一天来临了，搬家的卡车来了。它沿着街道，嘎吱作响、隆隆不停、左摇右摆地开了过来，司机丝毫不知道自己正被几十双明亮的小眼睛注视着。小动物们藏在月桂树下、灌木丛里以及长草丛中，观察着这些新来的人。灰狐狸和红鹿来到松林的边缘，他们像雕像一样一动不动地站在那里，只有红鹿的大耳朵这边转一下那边转一下，听着各种奇怪的声音。刚才卡车停下休息时，就连兔妈妈都勇敢地走到了前面，她此刻正坐在兔爸爸和安诺达叔叔中间，一只手紧紧抓着小乔治的左耳。

小动物们都对看家具被搬下车这件事很感兴趣，因为这提供了一个机会，能通过新人家的财物判断出他们的性格。兔爸爸注意到许多老旧的红木家具泛着饱满的光泽，赞许地点了点头。“那些，”他对兔妈妈轻声说，“非常清楚地显示出这些人有品质。自从我离开蓝草之乡，我就再也没见过这样的东西了——”

菲维兴奋地摇晃着身子，打断了兔爸爸的话。一个根本没有盖的大号老式垃圾桶刚刚被放到了车库后面。“这就是我说的真正的好人家，”菲维扬扬得意地说，“而且就在葡萄藤架下面。我都不用挪地方，就能既吃到晚餐又能吃到甜点了。”

安诺达叔叔用锐利的目光注视着那些被放进工具间的工具和园艺用品。“还没看到捕兽夹和弹簧枪，”他说，“但是有很多瓶瓶罐罐——可能是毒药，也可能不是——还不确定。”

路易·肯斯塔克和提姆·麦格拉斯也都找机会溜达到房子附近，以便观察并评价一番。“看起来都是好人家的东西。”路易说。

“是啊，”提姆答道，“很不错。不过还有一大堆书。我可不太喜欢那个。读书多的人总是有些古怪。我爷爷经常说，‘读书腐蚀心智’。虽然不知道有没有道理，但他一般说得都没错。”

“哦，我觉得倒不一定，”路易说，“我认识一个读过很多书的伙计，他人很好。几年前去世了。”

搬家的卡车卸下了货物，吱吱嘎嘎地沿着车道开走了，但小动物们一动没动。他们真正关心的是住在这里的人。下午三点左右，他们的耐心终于得到了回报，一辆小轿车沿着车道开了过来。这是一辆很老旧的车，上面装满了行李。观察着一切的小动物们一阵骚动，一双双眼睛紧盯着车里的人。

先下车的是个男人。他正抽着一根烟斗，安诺达叔叔满意地嗅着空气中的烟味。“这个我喜欢。”他小声对兔爸爸说，“我喜欢抽烟斗的人。这能给你一些提醒。有些人，他们走到田野里来，而你可能正在打盹，根本不知道他们已经过来了。当他们快要一脚踩上你的背时，你才知道他们过来了。但如果是抽烟斗的人，尤其是像这个一样抽得这么厉害的人，你在半英里外就会知道他来了。是的，先生，我喜欢烟斗。”

兔爸爸赞同地点了点头，但他的眼睛正紧盯着那位女士。她从车上提下来一只大篮子，现在正打开盖子。

兔妈妈屏住呼吸，所有的田鼠都忍不住颤抖起来。

只见一只巨大的虎纹灰猫走了出来，他伸伸前腿又伸伸后腿，然后迈着缓慢又气派的步子走上前门台阶，清洁起自己来。他清理得很彻底，还张开爪子把脚趾缝都舔了；清洁完以后，他便趴在阳光下睡着了。

田鼠们窃窃私语，叽叽喳喳地交流着他们的恐惧。兔妈妈看起来要晕倒了。但安诺达叔叔老练的双眼注意到了更多东西，很快就消除了他们的恐惧。“老了，”他说，“老得都快不行了。你们没看到他走路的样子有多僵硬吗？还有那牙——他打呵欠的时候你们没看到他的牙齿吗？只剩下老的磨圆了的牙根了。哧，他伤不了任何人。我巴不得快点走上去朝他脸上踢一脚——我早晚会这么做。”

现在他们的注意力又回到了小轿车上。车正奇怪地颤动着，还发出嘎吱嘎吱的声音。两三个包裹掉了下来，接着是一大堆；最后，一个相当壮实、脸庞红扑扑的女人从后门挤了下来。

“好了，苏弗洛尼亚，这就是我们的新家了。多可爱呀！”这位女士欢快地说。苏弗洛尼亚看起来相当疑惑，她用力拉着两只鼓鼓囊囊的行李箱，走向厨房的门。

菲维开心地拍着兔爸爸的背。“会有剩菜吗？会有吗？嗨呀，嗨呀！那样身材、那样体形的人，一定会扔出很讲究的剩菜，而且数量还会很多！鸡翅，鸭背，大块带骨肉——而且烹调得恰到好处！”

“这些人应该很擅长烹饪，”兔爸爸承认道，“而且通常来说还很慷慨，了解我们的习俗和需求。这种人在这儿很少见，但以前在蓝草之乡——”

“哦，你和你的蓝草之乡——”菲维打断他。

“别唠叨了，睁大眼睛好好看着，”安诺达叔叔厉声说道，“看看他们有没有搬下捕兽夹，或者弹簧枪、毒药、来复枪、猎枪、诱饵、捕网之类的东西。”

他们一直看着，直到最后一个包裹被卸下来拿进了房子。他们一直注视着午后的阴影遮住了那只猫，看着他僵硬地站起来，伸伸懒腰，走到厨房门那里去了。这时候小动物们才四散开来，各自回家，一路上讨论着今天发生的事。

总的来说，每个人都很满意。没有迹象表明会有捕兽夹、弹簧枪，或者其他致命的武器；那只猫显然是无害的；而且没有狗。

夜晚降临，大房子又亮起灯光来，能见到有人在走动，还能听到厨房里传来令人愉快的碗碟碰撞声，山核桃木焚烧的香味四散在空气里，令人十分愉快。小乔治从靠近大房子的地方经过，听到起居室的火炉里木头燃烧时发出的噼啪声。他开心地哼道：

新人家来啦，嗨呀！
新人家来啦，嗨呀！

第七章　读书腐蚀心智

新人家可能并没意识到，兔子坡的小动物们还要多考验他们几天。每时每刻都有藏在长草丛里的明亮的小眼睛观察着他们的一举一动，有小耳朵支棱着聆听他们说的每一句话。

新人家搬来后的第一个早上，兔爸爸和安诺达叔叔就决定要试探那只猫，他们已经知道猫的名字叫作马尔登先生。此刻，马尔登先生正躺在前门台阶上，沐浴着明媚的阳光，观察着他周围全新的环境。兔爸爸在这时穿过前草坪跳了出来，离马尔登先生只有几英尺的距离。马尔登先生只是懒散地看了他一眼，就继续观察周围的风景了。安诺达叔叔又试了一次，虽然他没有像他之前威胁的那样朝马尔登脸上踢一脚，但他确实跑到了离猫很近的地方，并且往猫的脸上扔了一把尘土。老猫抖掉尘土，打了个呵欠，睡起觉来。

这让田鼠威利和他的几个表亲胆大起来。他们在猫身边围成一个半圆，一边嘲笑他一边做鬼脸。他们上蹦下跳，无礼地唱道：

马尔登先生
是一只浣熊，
啧！啧！啧！

但是马尔登先生只是用一只爪子捂住耳朵，继续睡觉。

“哧，”安诺达叔叔不屑道，“他谁也危及不了。”

当然，兔爸爸急于确认新人家是不是真正的上流人士，因为他很在意礼貌与教养。一直等到下午晚些时候机会才出现。新人家开着小轿车出门去了，兔爸爸和他的几个朋友耐心地在车道边等他们回来。当小轿车隆隆地驶上车道时，兔爸爸突然跳出来，径直来到行驶的车轮前面。

那个男人猛地踩住刹车，把车停了下来。然后他和那位女士同时举起帽子，异口同声地说道："晚上好，先生，祝你好运。"说完，他们戴好帽子，继续开车，开得既缓慢又小心。

兔爸爸高兴极了。"看哪，"他对其他动物说，"这才是真正的文雅举止和良好教养。我不是想要诽谤住在这里的人家的举止，但自从我搬来这里定居，我还是第一次见到这样举止和善、为人着想的人家。在我长大的地方，这可是很常见的。在蓝草之乡——"

"哦，又是你和你的蓝草之乡。"菲维哼了声道，"我对他们的礼貌可不感兴趣，我只对他们的剩菜感兴趣。"

"你会发现的，菲维，"兔爸爸有些热切地说，"好的教养和好的剩菜是分不开的。"

烟斗的味道打断了他们的谈话，这代表那个男人过来了。他拿着一块钉在木桩上的干净木牌、一根撬棍、一把锤子还有一些其他工具来到了车道旁。当他把告示牌立在车道入口处时，小动物们都聚精会神地盯着看。

"上面写了什么，乔治？读给我听听。"安诺达叔叔轻声说，"我不知道又把那副该死的破眼镜扔哪儿去了。”

小乔治一字一句地读道：“上面写着，为——了——小——动——物——请——小——心——驾——驶。”

“听听！这才是真正的好人家。”安诺达叔叔肯定道，“你妈妈要是听到这个，肯定会很开心的，乔治。为了小动物，请小心驾驶。是的，先生，这真是体贴极了。”

在其他许多方面，新人家也很快达到了小动物们设定的好人家的标准。一群好友聚在坡边时，灰狐狸提起了一件事，这件事让他对新人家的认同度进一步提升。

“看来他们真的是通情达理、博学多识，”他说，“安静又友善。就在昨天下午晚些时候，我正四处转悠，好像闻到了烤鸡的味道。我就走了过去，来到有围墙、摆着长椅的小花园。我当时心不在焉的，那个男人呢，也没抽烟斗，不然我就能闻到他在附近了。当我注意到的时候，我已经站在他面前了，几乎跟他面对面。他正在读书，抬起头看了看我，你们猜他做了什么？什么都没做，就这样。他只是坐在那儿看着我，我也站在那儿看着他，然后他说，‘哦，你好啊。’就接着读他的书去了。我也就继续做我的事。要我说，这才是真正的好人家。”

“还有那位女士。”波奇咕哝着，一边赞许地点着头，“你们有人听见那天下午的喧闹吗？那时候，我正在田里溜达，也有点放松警惕了，大白天那么早就跑到开阔的地方。突然，十字路口那儿最大的那只狗向我冲过来了。我倒没怎么害怕，但是处境确实很不利。我背后没东西可倚靠，所以我只能用后腿站起来引诱他，看他敢不敢出手。那狗的鼻子上还留着我两三年前给他留下的疤，所以他不敢上前，而是开始绕着我兜圈子，想绕到我背后袭击我。那位女士本来在花园里干着活儿，但就在那只狗又是叫又是咆哮又是跑来跑去的时候，她手里拿着一块香瓜大小的石头走了出来。

“她仔细看了看当时的情况，双脚稳稳站好，挥动手臂，砰的一声把石头砸了过去！好家伙，砸中了，正中他的肋骨！那只杂种狗发出的惨叫，就是在炭山上也能听得到！”

“确实，”兔爸爸同意道，“我就听见了。那时我正好去炭山看望我的女儿黑泽尔，那只杂种狗的惨叫声我听得一清二楚——他肯定痛极了。”

“而之后她做了什么呢？”波奇继续说道，“她只是拍了拍手上的灰，平静地看着我，露齿一笑，说：‘你怎么不小心点呢，小笨蛋？’然后便继续回去干活儿了。我或许没有在什么蓝草之乡生活过，也对什么贵族气派和绅士风度一窍不通，但要我说——我敢说没人敢反对，”他一边用脚板拍着地，一边挑衅地拿眼睛睨着小动物们围成的圈子，“——要我说，能扔出那样一块石头的才是真正的淑女！”

接着还有一段关于波奇的洞穴的小小讨论。以人类的眼光来看，或许只是小小的讨论，但对于小动物们来说，却意义重大。

路易·肯斯塔克正在重砌位于波奇的洞穴所在处的那堵石墙。当他快要发现洞穴的入口时，新人家的男主人说：“肯斯塔克先生，那堵墙就留着吧。有只土拨鼠住在那下面，我们不应该打扰他。”

“留着？”路易惊讶地叫道，“你可不能放任那只‘挖土机’住在这儿！他会毁了你的花园的！我正打算明天带上我的猎枪来把他解决掉呢！”

“不，不能开枪。”男主人坚决地说。

“我可以设个捕兽夹。”路易又建议道。

“不，不能用捕兽夹。”女主人同样坚决地说。

路易困惑地挠着头。“好吧，当然啦，这是你们的地方，既然你们愿意这样，那就这么办。”他说，“但这看起来会很滑稽的，这堵即将倒塌的旧墙正卡在新建的墙中间。”

“哦，我想那不成问题。”男主人大笑着，然后他们继续朝前走去。

当提姆·麦格拉斯溜达过来的时候，路易还在挠着头。“还记得我是怎么跟你说那些读了太多书的人的吗？”提姆说道，“总是有些古怪，总是如此。看看这家人，又和善，说话又得体，正如你所愿——就是很古怪。昨天我还和他们说要除掉这些鼹鼠才行，说我可以带几个捕鼠夹来，安在地里。但她就像刚才对你说的那样，立刻说道：‘不，不能用捕兽夹。’我又说我可以拿些药性强的毒药来，而他说：‘不，不能用毒药。’”

“于是我说：‘有这些鼹鼠四处挖个不停，我究竟要怎么帮你建成一片还算不错的草坪呢？’你猜他怎么说？他说：‘哦，只要不断地翻土就好了！不断翻土，鼹鼠们总会灰心的。’你听听，灰心！”提姆哼了一声，“他还说这是从书上看来的。”

“还有，就在今天早上，”他接着说，“我告诉他们，菜园周围得建一圈围栏。我说：‘你要是不建围栏，根本就没法弄菜园。兔子坡到处都是小动物，兔子、土拨鼠、浣熊、鹿、野鸡、臭鼬什么的。’你猜这家的太太是怎么说的？”

“我想不出来。”路易答道。

“你肯定想不出来！”提姆说道，“她说：‘我们喜欢这些小动物，他们真可爱。’你听听，可爱！她还说：‘他们也会饿的嘛。’

“‘你说得没错，夫人，他们也会饿的，在蔬菜长出来以后，你会难过地发现这一点。’

“然后这家的先生也插话了。他说：‘哦，我想我们会相处得很好的，会有足够的食物让我们一起吃的——’我们，你听听！‘所以我们才要把菜园建这么大嘛！’”

提姆悲伤地摇着头。“看着真可惜啊，这么和善、说话得体的一家人——但就是古怪。有人可能会把这叫作疯癫。依我看，就是书读得太多了。我爷爷说得没错。‘读书腐蚀心智。’他常这么说。”

路易拿起锤子，利索地敲开一块石头。“不过，确实是好人，”他说，“太可惜了。”

每天晚上田鼠威利都被派去观察新人家。当然了，这并不是什么无礼的窥探，只是小动物们理所当然地想要知道他们对于兔子坡有什么计划。因为说到底，这可是小动物们的兔子坡。

客厅窗户旁有一只蓄雨水的桶，威利爬上这只桶就能跳到窗台上。尽管晚上的天气仍然有些冷，壁炉里也烧着火，但窗户仍然微微打开着。坐在窗台上的阴影里，威利能够安全地观察这家人，听听他们对菜园的计划。今天晚上他们坐在一堆产品目录册中间，正在一一列出他们要种的种子和植物的清单。

威利非常努力地将它们都记了下来，现在正在向大家报告。兔妈妈、兔爸爸、安诺达叔叔、菲维、波奇还有其他小动物坐在兔子洞外，专心地听着。

“有白萝卜，”威利背着，掰着爪子数着，“胡萝卜，豌豆，菜豆——扁豆和青豆都有——莴苣——”

“豌豆莴苣汤！”兔妈妈开心地叹道。

“玉米，菠菜，羽衣甘蓝，芜菁，球甘蓝，西蓝花——”

“我不喜欢这些外国蔬菜。”安诺达叔叔咕哝道，兔妈妈冲他嘘了一声。威利继续说道：“芹菜，大黄，土豆，番茄，辣椒，卷心菜——红的和白的都有——花椰菜，覆盆子——有黑的和红的——草莓，甜瓜，芦笋——我就记得这么多。哦，对了，还有黄瓜和笋瓜。”

威利结束报告，终于能好好喘口气了。小动物群里响起了一阵兴奋的嗡嗡议论声，他们的对话很快演变为一场关于哪一家该分到哪种食物的争论。兔爸爸站起来拍拍手，让大家注意听他说话，小动物们都安静了下来。

“我们都知道，”他坚定地说道，“我们的传统向来是在‘分配之夜’解决这些问题。我记得今年的‘分配之夜’在五月二十六日。到那天晚上，我们会像以往一样聚在菜园里，按照规则给每个动物及其家人分配符合口味的食物。”

“那我怎么办？”安诺达叔叔问道，“我只是来做客的。”

“你是我们家的客人，”兔爸爸答道，“当然会和我们家一起按照惯例得到一份配额。”

“那就好。”安诺达叔叔说。

第八章　威利的惊魂夜

正是蓝草差点儿要了田鼠威利的命。这天晚上，他和平时一样坐在窗台上，观察着新来的人家，听他们说话。这天他们讨论完了关于菜园的计划，转而讨论起了草种。对于这个话题，威利不是特别感兴趣，所以有些心不在焉，直到一个熟悉的字眼触电般地引起了他的注意。

“这本书上说，”男人说道，“建议将红顶草、白苜蓿和肯塔基蓝草种在一起。”

蓝草！肯塔基蓝草！兔爸爸一定会很高兴的，要立刻告诉他！

匆忙与兴奋令威利出现了一个无法原谅的疏忽。他本该记得雨水桶的桶盖又旧又破，上面还有几个危险的窟窿，但他忘记了。当他从窗台上跳下来的时候，他不偏不倚地落进了其中一个窟窿里。下落时他狂乱地试图抓住什么东西，但腐朽的木头在他的爪子下破碎了，随着一声可怕的震动，他就这样落进了冰冷的水中。

他喘着气浮上来。寒冷似乎将他肺里的空气全赶了出来，在冰冷的水再次淹没他之前，他发出了一声求救的尖叫。这一次浮上来时，他已经十分虚弱了。他微弱地挣扎着，游到了桶的边缘，但桶壁上长满了滑溜溜的青苔，他的爪子也发麻了，难以抓牢。他有气无力地又叫了一声——为什么没人来救他，兔爸爸、小乔治和菲维呢？当冰冷的水最后一次淹没他时，他隐约意识到一阵嘈杂与一道耀眼的光亮。接着，光亮消失了，一切都消失了。

过了很长时间，他也不知道有多久，威利睁开了眼睛。他隐约意识到自己仍旧湿漉漉的，无法控制地颤抖着。他似乎躺在一个由又白又软的东西做成的舒适的窝里；他还能看见跳跃的火苗，感到一种柔和的暖意。然后他再次闭上了眼睛。

当他再度睁开眼睛时，他看到那家人把脸俯向他的床。这么近距离地看着那些人是很可怕的，他们看起来如此庞大，简直像是噩梦里会出现的怪物。他想要钻进软乎乎的棉花里，鼻子却突然闻到了热牛奶的香气。有人将一支滴药管凑到他脸前，尖端上坠着一滴白色的东西。威利虚弱地舔了一口——真是美味。牛奶里还加了些别的东西，让他浑身都涌起一股暖流。他立刻感到自己有了一些力气，将滴药管里的牛奶吸了个精光。啊，现在他感觉好多了！他的胃里填满了温暖的食物，小肚子鼓鼓的；他的眼皮慢慢耷拉下来，他又睡着了。

威利没有回到兔子洞向等在那里的小动物们报告情况，这在他们之中引起了一阵恐慌。兔爸爸和安诺达叔叔立刻组织了一支搜索小队，却找不到威利的任何踪迹。

菲维当时正在垃圾桶里享受美食，他说他听到了一声老鼠的叫声，而且看到那家人从屋子里拿着手电筒出来，在雨水桶附近忙活了一阵，至于忙活了些什么，他不知道。

威利最年长的表哥爬上窗台，却发现窗户被关上了。小动物们叫醒灰松鼠，派他去屋顶上调查。他在楼上的每个窗户边细细聆听，却没发现任何不对劲儿的地方。

“是那只该死的老猫！”安诺达叔叔吼道，“那个鬼鬼祟祟、装模作样、假装良善的恶棍！装出一副已经很老了，不会伤害任何人的样子！我就该像我计划的那样朝他脸上踢一脚！”

波奇认为该责怪的是麦格拉斯。“都怪他还有他的捕鼠夹。”他争辩道，“他总是提到捕鼠夹和毒药，很可能是他让那家人设置捕鼠夹去抓威利的！”

兔爸爸没说什么，但他和安诺达叔叔还有小乔治整夜都像塞特种猎犬似的在兔子坡搜索，找遍了每一寸田地和墙壁，每一处灌木丛和草堆。一直到黎明时分，他们才愿意承认搜索失败，筋疲力尽地回到兔子洞里。兔妈妈红着眼睛，吸着鼻子，准备好了热腾腾的早饭等着他们。

但在所有的小动物中，要数鼹鼠最生气、最伤心了。他的伙伴、“眼睛”不见了，他甚至没法参加搜寻工作。

“我要好好教训教训他们，”他一脸严肃地说，“我要好好教训教训他们。别指望这片地上能长出一片草叶——永远都别想！不管是球茎还是灌木，永远别想长出来。我会把它们撕碎，连根拔起，我要挖土，我要把地面弄得起伏不平，我要钻洞，我要把从这里到丹布里路的每一个亲戚朋友都找来，把这里彻底毁掉，直到他们希望自己从没有——”

他狂乱地一头钻进刚翻好的前草坪，他的威胁随之变得模糊不清。整个晚上其他小动物都能听见他低沉的咆哮，看见被他挖过的地面像汹涌的河水一样起起伏伏。

当威利醒来的时候，天刚蒙蒙亮。房间里冷飕飕的，但壁炉里还有一些未灭的余烬在闷闷地燃烧，砖块也散发出怡人的暖意。他从自己睡着的硬纸盒里爬出来，靠近灼热的煤块。他浑身的肌肉又僵又酸，他仍然有些站不稳，不过除此之外，他感觉好多了。他清洁着自己，伸伸懒腰，感到自己的体力在逐渐恢复。那些热牛奶还有里面混的东西尝起来真不错，他真想再吃一点。他想赶紧回家，可没有出去的路——门和窗户都关上了。

当他听见脚步声穿过房子向这里靠近的时候，太阳已经升起来了。他闻到了一丝男人烟斗的味道，还听见了马尔登先生轻柔的足音。他慌乱地寻找着藏身处，却找不到什么好地方。壁炉两边都是书架，从地板一直延伸到天花板。绝望之中他只能跳到第一排书的顶上，蜷缩进最暗的角落里。就在这时，门打开了。

这家人一进来就去查看那个硬纸盒。“哎呀，哎呀，他不见了。”那男人说，“他一定是感觉好多了。他究竟跑到哪儿去了？”

那位女士没有回答，她看着马尔登先生，只见他懒洋洋地走向书架。

威利尽力蜷缩进角落，那只大猫越来越近了，他的心怦怦狂跳。猫的脑袋显得如此巨大，嘴巴张着，露出了两排白色的尖牙，他黄色的眼睛像煤块一样闪着光。威利被吓得无法动弹，只能无助地看着那张血盆大口越张越大。他已经感受到热乎乎的呼吸了，伴随着一股强烈的罐头三文鱼的味道。

然后，马尔登先生打了个喷嚏。

“他在那儿呢，”那位女士静静地说，“在那排书上，角落里。过来，马尔登，别去烦那个可怜的小东西，他已经够遭罪的了。”她坐了下来，那只猫僵硬地溜达过去，跳上她的膝盖，趴下来打盹。男人打开大门，也坐了下来。

威利过了好一会儿才平复了自己的呼吸和心跳。他试着向前一寸一寸地探出身，什么也没有发生。于是他开始绕着房间跑，紧贴着墙壁，在每件家具下方都停一停。现在他几乎跑到门口了，在最后冲刺以前，他飞快地扫了一眼四周。

那位女士仍旧静静地坐着，手指缓缓地抚摸着马尔登先生的下巴。马尔登发出轻微的鼾声，那声音像极了那男人抽烟斗时发出的稳定的咕噜咕噜声。

威利一个猛冲，回到了外面的阳光下。他跑过台阶，但就算是在重获自由的兴奋中，他也被门前草坪的样子吓得停下了脚步。原本平平整整的表面被鼹鼠弄得又是条纹又是圈又是纵横交错的鼹鼠坎，连一块能下脚的地方都没有。他跳到离自己最近的坎上，挖了两下，便跳进地底的通道去了。

“鼹鼠！鼹鼠！”他一边跑一边叫，声音在地道里回响。“我在这儿，鼹鼠，是我——小威利！”

提姆·麦格拉斯叉着腰站在前院的草坪上，看到他辛苦劳作的成果都泡了汤。他的两颊红得发紫，脖子因压抑着怒火紧绷着。

“看看这个！”他气急败坏地说，“看看这个！我怎么和你们说鼹鼠来着？还说不能用捕鼠夹，当然不能。不能用毒药，老天，当然不能用！看看现在成什么样了！”

那男人相当抱歉地吸着烟斗。“真是一团糟，是吧？”他承认道，“我看，我们只能再翻一次地了。”

提姆·麦格拉斯看着天，轻声重复道：“我们只能再翻一次地了！我们只能再翻一次了！老天爷啊，给我点力气吧！”他拖着虚弱的脚步去拿他的耙子和滚轧机。

第九章　分配之夜

白天越来越长，太阳越爬越高，小动物们的情绪也越来越高涨。菜园里，一排排绿油油的蔬菜正在茁壮成长。草坪上，新生的绿草铺成了厚厚的地毯，平整又美丽。鼹鼠对于上一次自己造成的破坏十分羞愧，绝不再靠近这里。兔爸爸每晚都来查看蓝草的长势。它们长得很慢，今年长不出多少，但到了明年夏天——那就不得了啦！波奇从自家洞口眺望着那一片茂盛的荞麦田，心里别提多满足了。

养鸡场里无数小鸡啾啾鸣叫着，四处乱跑乱刨。鸡妈妈们一会儿咯咯笑着，一会儿责骂他们。菲维和灰狐狸经常在傍晚时分到这里来，展望未来，但菲维对苏弗洛尼亚慷慨提供的剩菜已经十分满意了，所以对活鸡的兴趣迅速减退。他甚至说服狐狸也来尝一尝她的厨艺。狐狸起初对这个主意不屑一顾，说他更喜欢新鲜的鸡肉，但是在品尝了苏弗洛尼亚做的南方风味的炸鸡翅以后，他就彻底被征服了。现在，他经常参加菲维的午夜盛宴。

每天晚上小动物们都会来查看菜园。装着种子的包装袋贴在一排排蔬菜尽头的棍子上，包装袋上画着色彩鲜艳的图片,小动物们经过时不时发出“哦”“啊”的惊叹。当然，小乔治需要把那些图片上的字念给安诺达叔叔听，他总是忘记把眼镜放在哪儿了。

每个小动物都记下了时令蔬菜，以及自己家的口味和需求，为分配之夜做好准备。

期待许久的这一刻终于到来了。比起以往，这一次的分配之夜少了许多争议，因为菜园大得足够所有小动物分享，即使是口味最挑剔的也找不出毛病。

那是一个晴朗的月夜，兔子坡上所有的小动物都聚集在一起，提出自己的需求。菲维和灰狐狸不吃蔬菜，所以由他们担任裁判，做出公平、公正的裁断。而兔爸爸也理所当然地当了发言人。

一个在以往的分配之夜中从未出现过的问题被提

出来了。田鼠威利和他的亲戚十分感激新邻居将威利从雨水桶里救出来，提议在菜园里留出一块地，专为这户人家使用。兔妈妈热切地表示赞同，因为她被车道上的告示牌深深感动了。小动物中间展开了激烈的辩论，但波奇似乎代表了大多数人的意见。他说："就让他们跟我们剩下的人一起碰碰运气吧。他们并没有尊重我们的诉求，我们为什么要给他们特权呢？这一点儿都不民主。"这项提议最终被否决了。

在场的有些动物认为，安诺达叔叔的诉求似乎有点过分。毕竟，他不是兔子坡的常住居民。不过他是兔爸爸和兔妈妈的客人，而这两位都很受人尊重，所以没有人公开表达什么看法，只是少数动物用爪子窝成杯状挡着嘴，嘀咕了几句不怀好意的闲话。

总的来说，这次的会议令人十分愉快，井然有序，跟几年前开的几次会完全不同，以前的那户人家贫瘠的、由于管理不善而荒芜一片的菜园总会引起许许多多的争吵。

兔爸爸在演讲的结束语中表达了这一看法。"看来，"他说，"我们有幸遇到了最慷慨大方、最有教养、最仁慈的人家。他们目前的耕作确保了我们将会获得这么多年来盼望已久的、最喜人的大丰收。因此，我希望不必再向各位强调，我们必须严格遵守兔子坡一直以来的那些规则和规定。

“每只动物的份额都是给个人及其家庭专用的，任何人如果侵占不属于自己的财物，必将受到我们集体的严惩。

“如果新来的人家从哪只动物的领地那里取走过多的蔬菜，我们救济委员会将额外给他划分一块菜地。

“最后，不到仲夏夜分毫不可取。这是最重要的一条规矩。以往长期的经验告诉我们，在作物成熟以前就收割只会损害所有人的利益。只有让作物完全成熟，大家才能收获更多更充足的食物。我希望你们都能展现出足够的耐心与自制力，这是我们兔子坡长期以来引以为傲的美德，这样我们当中那些负责维护规则的人就不用执行任何惩罚了。我要特别提醒你，波奇，还有你，狐狸，这项禁令的适用范围除了各种蔬菜，还包括荞麦、鸡和鸭。”

“我没意见。”菲维高声说，“剩菜没有禁食季！快来啊，狐狸，今晚有炸鸡。我提议散会！”

散会了，小动物们心满意足地向各自的家走去，一群小家伙唱着:“快乐的日子又来啦!”当然，距离仲夏夜还有好一阵子，但现在田地里一片绿油油的，天然的食物十分丰沛，菜园的丰收也很有保证。主妇们已经在计划储存食物和罐头了。兔妈妈提出建造一个她盼望已久的新储藏室。安诺达叔叔可以帮忙挖地，小乔治现在也能相当熟练地使用工具了，可以帮忙做架子。小乔治去十字路口的胖男人那里买一些早上采购时忘记买的东西，兔妈妈坐在洞口，继续规划着她关于储藏室的安排。

突然，一道可怕的声响划破夜色，让兔子坡所有居民的心都因为恐惧而打了个冷战——那是一声长长的、尖厉的汽车刹车声和轮胎摩擦地面的声音。随即，是一阵冰冻般的寂静，然后从黑暗小路传来一个男人的咒骂，马达发动的声音再次响起，车子又开动了。

兔妈妈尖叫了一声“乔治!”就昏倒了，兔爸爸和安诺达叔叔飞奔到路上。他们听到红鹿撞断树枝跑下山来的声音，波奇飞奔时发出的喘息声，以及田鼠们赶来时发出的窸窸窣窣的声响。

尽管他们跑得已经很快了，然而大房子里的新邻居比他们还要快。兔爸爸听见他们在碎石车道上奔跑的脚步声，还看见了手电筒蓝白色的光。

小动物们挤在灌木丛里，窥探着令人畏惧的黑暗小路。那家人正弯腰俯视着一个小小的、软软的东西。小动物们听见那个男人说：“喏，拿着手电筒。”只见他脱下外套，铺在路上，说道：“好了，好了。”他跪下来，轻柔地把什么东西包在了衣服里。他们看见他小心地抱着那东西，走上车道。小动物们还看到了那位女士的脸，在月光下显得惨白。他们还听见她说了些淑女不应该说的话。

第十章　阴云笼罩兔子坡

沉重的悲痛席卷了整个兔子坡，因为在所有年幼的小动物中，小乔治是最讨人喜欢的一个。他的乐观与青春的激情让长辈们的日子也明亮了起来；他的勤劳以及乐于助人对于兔妈妈来说是无价之宝；对于兔爸爸来说，他不仅是个聪明的学生，还是意气相投的狩猎伙伴。他们一起长跑，多少次一起戏耍那些蠢狗……此刻这些回忆不断翻涌，令兔爸爸深深沉浸在无法慰藉的悲恸中。

兔妈妈卧床不起，于是他们的女儿黑泽尔被从炭山喊来负责家务。她不是很擅长烹饪，又带着她的三个年幼的孩子。孩子们整天无意义的争吵简直要把安诺达叔叔逼疯了，所以他尽可能不在兔子洞里待着，愁苦地与菲维、波奇还有红鹿长时间地待在一起。

“他是个多么优秀的跑步健将啊，”红鹿伤心地说，“多么优秀的跑步健将啊。我们曾有好几次一起跑到维斯顿路，不是去办事，只是为了享受那份乐趣。一趟来回，还能赶上早饭，他真是年轻啊。有时候我会说，‘你累吗，乔治？’他只是哈哈大笑。‘累？’他说，‘这才只是热身呢！’接着他又跑走了。有时连我都不得不拼尽全力才能追上他。”

“还是个跳远好手，”安诺达叔叔说道，“干净利落地跃过死神小溪。我亲眼见过那个地方，足足有十八英尺呢！对他来说却像只有一英寸似的。从来没有兔子跳过这么远的距离，我看以后也不太可能会有了。”

波奇摇着头。“还很乐观，总是笑着，唱着。真是不公平。”

“那些该死的汽车，”安诺达叔叔气愤道，“我要好好教训教训他们！等着吧，等到哪天晚上好好下场雨，等那条该死的黑暗小路又湿又滑，我要躲在山脚旁公路的拐弯处，等他们横冲直撞，车子连吼带叫地冲过来时，我就从他们面前跳过去，让他们吓一跳！

你们看着吧，他们会猛踩刹车，而车轮会打着滑导致车子冲出去，撞在石墙上。

“我年轻的时候经常在丹布里路这么干，给他们找不痛快。有四辆车都被我害得撞上了那边的小山，其中三辆撞得相当严重。可惜我现在太老了，”他无力地叹了口气，“已经不够敏捷了，他们肯定会撞上我的。”

他们在悲伤中静静地坐着。松林的阴影缓缓爬下山坡，渐落的夕阳将荞麦映照得如同一张闪闪发光的绿金色地毯。“他总是在差不多这个时候跑过来，”波奇说，“总是大声喊着，‘晚上好，波奇先生。’他多有礼貌啊。总是叫我‘先生’。真是不公平。”

即使是越来越近的仲夏夜也无法驱散这种忧郁的气氛。小动物们兴致索然地看着菜园里蔬菜的生长情况，毛茸茸的胡萝卜叶，细弱的豆蔓上伸出的多汁的卷须，鲜嫩的莴苣刚开始冒头，宝石般翠绿的卷心菜，一排排茁壮的豆子——放在以前，这些都会令他们欣喜若狂，但现在大家似乎都不太关心了。

对兔爸爸来说，即将到来的仲夏夜更多地意味着悲伤而不是欢乐。因为他和兔妈妈本计划在今年举行一个小小的庆祝仪式。他们计划装满储藏室以后，为这个丰收之家庆祝一下。所有邻居都会过来，他们会吃到豌豆莴苣汤，还有几小瓶珍藏许久的接骨木花酒。他们会尽情游戏、欢笑歌唱，就像以前的好日子时一样——本来应该是这样的。

新的储藏室还没开始建，兔爸爸和安诺达叔叔都没有心情——小乔治本来是要做架子的。兔妈妈不打算储存食物或者把食物装罐保存了。她最近刚能起身坐在她的摇椅上。

暮色时分，兔爸爸坐在兔子洞外。黑泽尔的孩子们吵得洞里没法儿待，黑泽尔自己话也不少，还把碗碟弄得很响。不远处，安诺达叔叔断断续续地打着盹。

突然，兔爸爸发现有一群小动物正急匆匆地跑下山来。他听见田鼠威利兴奋的声音，还有他那些表亲的尖叫声。他看到菲维身上鲜明的黑白相间的条纹，分辨出波奇那蹒跚的肥胖身躯。当他们靠近兔子洞的时候，威利摆脱了其他同伴，向他们飞奔而来，声音因为激动而变成了尖叫。

“我看到他了！”他狂叫道，“我看到他了！安诺达叔叔，快醒醒，我看到他了——我看到小乔治了！”

场面顿时一片混乱。黑泽尔冲到门前，手上还滴着洗碗的水，她的三个孩子叫得比平时更大声；田鼠们疯狂地叽叽喳喳叫成一片；兔妈妈踉跄着从摇椅里站了起来，安诺达叔叔则从他的椅子上倒栽着跌了下去。“叫那些小鬼安静点儿！”他怒吼道，从地上爬起来。“怎么可能——”所有人都尖叫着提出问题。

菲维用前爪拍着地面。“安静！”他喊道，毛茸茸的尾巴微微地拱了起来。“谁再说一个字，我就——”大家立刻安静下来，菲维的威胁可不是闹着玩儿的。“好了，威利，”他兴奋地说，“继续说你的事吧！”

“好吧，”威利喘着气说，“我当时在窗台上——雨水桶换了新的盖子，我想试试，发现它的确很结实——我当时正在窗台上，向里一看，就看到了他——我看到了小乔治！他躺在那位女士的大腿上，就在那里，而且——”

“那只该死的老猫呢？”安诺达叔叔打断他，“他在哪儿？”

“他在那儿，他也在那儿，而且——他正在给小乔治洗脸呢！”

这时，现场立刻爆发出一阵表示质疑的讨论声，菲维不得不再次拱起他的尾巴。

“他真的那么做了，”威利继续说道，“还洗了耳朵什么的。乔治看起来很喜欢，有一次他低下了头，那只猫——马尔登先生，还替他挠后颈呢！”

“可能是抓跳蚤。”安诺达叔叔说。

“我就看见这些。我想应该让你们知道，所以我立刻跑来了——就是这样。”

“他——他看起来——他还好吗？”兔妈妈问，紧张得喘不过气来。

威利犹豫了一会儿才回答。“他，嗯——看起来——挺好的。他的后腿，就是用来跳跃的那两条腿，好像被绑起来了，像是——用小棍子，还有绷带。”

“他能走路吗？”兔爸爸急忙问道。

“哦，我不清楚，先生。因为，你看，他当时只是躺在她的腿上，那位女士的大腿上——所以我不知道——不过他看起来真的很舒服，很开心。”

“谢谢你，威廉，”兔爸爸说道，“你真是个好孩子，既擅于观察又爱动脑。你带来的消息让我们不胜喜悦，感激至深。我们急切盼望你能带来任何更进一步的消息。”

闲聊声、质疑声、推测声如潮水般涌来，透露出无比的欣慰与喜悦。这则令人快慰的消息很快便传遍了兔子坡，萦绕已久的阴郁气氛终于像晨雾般散去了。

每个人都前来道喜。当然了，兔妈妈仍旧十分担心，但是她那双自从那个可怕的夜晚就一直黯淡无光的眼睛恢复了神采。然而波奇——老波奇，又害羞又孤僻，在社交场合总显得十分不自在，蹒跚着走过来，向兔妈妈伸出他沾满泥土的粗糙前爪。“女士，”波奇粗声粗气地说，“女士，我——我们——呃，我咋说来着。”就急忙走开了。兔妈妈的眼睛里顿时噙满泪水。

第十一章　紧张与冲突

第二天天刚亮，兔爸爸和安诺达叔叔就开始忙活新的储藏室了。之前那种笼罩在所有兔子坡居民身上的死气沉沉的气氛现在已经彻底消失了；兔妈妈高兴地做着家务，时不时哼上一两小节乔治的歌。黑泽尔和她那三个吵个不停的孩子也被兔爸爸和兔妈妈千恩万谢地送回了家，安诺达叔叔则掩饰不住内心的喜悦。“现在总算能歇会儿了，不然该死的耳朵都要被吵聋啦。”他一边忙着铲土，一边咕哝着。

日子一天天地过去，储藏室也逐渐成形。在一片快乐的气氛中，只有一个担忧时不时会冒出来，影响着整个快乐的氛围：田鼠威利再也没有看到过小乔治。

每天晚上他都信守诺言，爬上雨水桶向客厅窥探。

但大房子楼上还有一个客厅，那家人现在晚上大部分时间都待在那里。所有的小动物都睁大眼睛，竖起耳朵，但谁也没有发现小乔治的踪影。

不过，他们确信他还在邻居那里，因为每天早上那位女士都会采集一小篮沾满露水的苜蓿、胡萝卜叶、莴苣嫩叶或嫩豌豆蔓回去。从这一点就能看出，乔治不仅还在那里，而且胃口很好。

日子一天天地过去，又过去了几个礼拜，仍然没有消息。仲夏夜已经不远了，越来越显著的焦虑情绪让大家的脾气越来越差。就拿兔爸爸和安诺达叔叔来说，他们被自己笨手笨脚的木工活儿惹得怒火冲天。小乔治能轻而易举地建好储藏室的架子，换作他们两个却要花上一天又一天，还经常敲到爪子。好不容易做好以后，架子又歪歪扭扭、摇摇晃晃的，根本不值得他们的苦心劳作。

在连续第四次砸到大拇指之后，安诺达叔叔扔下锤子，气呼呼地去找波奇了。焦躁和担忧引起一种不祥的怀疑，这种怀疑在他脑海中扎了根，现在他决定要将它说出来了。

“你知道吗，”他说，“我不相信这户新邻居，一点儿也不相信。我真担心小乔治。你知道我怎么想吗？我觉得他们是把他扣下来当人质了，就是这样。我话就摆在这里，等到了仲夏夜，我们当中只要有任何人胆敢碰一下那些该死的蔬菜，他们就会折磨他。这就是他们要干的事——或者，他们可能会直接把他弄死。

“也许他们现在已经在折磨他了，”他阴郁地继续说道，“折磨他，审问他，刺探他，让他说出我们的事，说出兔子洞在哪儿，这样他们就能下毒和设置捕兽夹，准备好弹簧枪。而且，还记得威利说的他的腿上被绑了棍子吗？很有可能是某种刑具。不，先生，我一点儿也不相信他们。也不相信那只该死的老猫。我要朝他的脸上踢一脚！”

安诺达叔叔臆想的阴谋立刻在其他小动物中间传开了，很快就引起了激烈的争论。兔爸爸、兔妈妈和红鹿拒绝相信新邻居会做出这样邪恶的事，菲维和灰狐狸也支持他们，因为他们都确信，能丢出如此丰盛的剩菜的人家一定是善良友好的。

但是其他许多小动物都倾向于和安诺达叔叔站在一起，争吵发生得越来越频繁。和平时一样，邪恶的谣言四处流传。有人说看见客厅深夜透出灯光，并且听见了奇怪的声音。声名狼藉的骗子负鼠还坚称他听见了小乔治痛苦的尖叫声。

就好像情况还不够糟似的，春雨也下了起来。乌云日复一日地从东方飞来，翻过山谷，无休无止地倾泻着雨。冰冷的东北风刮着，精心修建的洞穴也被吹进了雾气和潮气。墙上长出了霉菌和真菌，屋顶漏雨，烟囱串烟。小动物们都被困在家里，瑟瑟发抖地贴着壁炉。这天气对菜园很有益，但对心情却很有害。

每一天，兔爸爸冒着细雨、踩着烂泥，翻遍兔子坡打听小乔治的消息，最后总是浑身湿透、沾满泥浆、心情阴郁地回来。安诺达叔叔则一整天都蜷缩在火堆旁，抽着他烟雾缭绕的烟斗，低声嘟囔着不祥的预兆。他们会吵起来是迟早的事。终于，有人将伤人的话说出了口。兔妈妈就像乌云一样哭个不停，安诺达叔叔怒气冲冲地离开了兔子洞，和波奇住到了一起。在那里，他成了反对派的领袖，整天都在给猜疑和仇恨火上浇油。

就连波奇都不得不承认安诺达叔叔有点“神经兮兮”了，但剩下那些比较愚笨的小动物却很乐意相信任何离奇的猜疑，情绪被煽动得越来越高涨。有些脾气火暴的甚至还提出要抛弃兔子坡的规矩，不等仲夏夜到来就将菜园、草坪、荞麦田和花圃洗劫一空，毫不留情地杀掉所有小鸡、小鸭、公鸡还有母鸡。

在一次几乎全然失控的会议上，兔爸爸费尽口舌，红鹿用尽权威，才说服小动物们继续遵守古老的规矩和风俗。风向的改变和天气的好转也缓和了大家紧绷的神经和紧张的关系。

与此同时，路易·肯斯塔克一直在园子尽头忙活着什么。那是一块可爱的地方，一小块圆形的草地被一棵大松树遮蔽着，倾斜向假山庭园。那里还有两张石制长椅，新邻居经常在暖和的傍晚坐在那里，所以小动物们没法靠近观察路易究竟做了些什么。

围绕着这个问题发生了许多推测，而安诺达叔叔很快有了解释。

“他们在建一座地牢，”他喊道，“他们在建一座地牢，好把小乔治关起来，这就是他们在做的事。他们要把他关在高高的铁栏杆后面，他会变得十分憔悴，每当我们中有人碰了那些该死的蔬菜他们就会折磨他，刺他，让他挨饿——可能还会往他身上浇滚油！”

在沸腾的猜疑、恐惧与不安中，仲夏夜越来越近了。当一只又长又沉的大木箱被送到时，这种令人不快的气氛越发加重了。

是提姆·麦格拉斯的卡车把箱子运来的，要提姆、路易、那个男人还有其他几个帮手一起才能把它从车上卸下来，垫上滚轮拖到大松树下的那片草地上，也就是路易最近忙活的地方。安诺达叔叔立刻发布了一个新的谣言。“捕兽夹和猎枪，”他宣布，“这就是里面的东西。捕兽夹和猎枪，可能还有毒药和毒气。”

不论里面究竟是什么，这个箱子确实敲打了好一阵才被打开。路易和他的帮手们又忙了一两天，邻居们也一直在附近忙进忙出。直到仲夏夜那天下午，工作才全部结束。所有东西都收拾干净了，做好的东西被盖在路易的一块防水帆布下面。中间有什么竖立着，使得整块布看起来像是一顶帐篷，在傍晚的阳光下闪闪发光。

波奇和安诺达叔叔站在安全距离外的山坡上，怀疑地注视着。

“是绞刑架，”安诺达叔叔阴森地低语着，“是绞刑架，就是这个，他们要用这个吊死可怜的小乔治。”

第十二章　人人饱餐

太阳落下去了，西方的金色光辉慢慢变为一种清爽透明的青绿。最初，天空中只能看到金星低低地挂在松林上方明亮地闪耀着。随着夜空的颜色逐渐加深，小一些的星星也显出了光辉。新月高悬，犹如一把银色的镰刀。

暮色渐浓，整个兔子坡的居民都低语起来。伴随着小小的身体穿过草木的轻柔沙沙声，细小的脚步踏出的嗖嗖声，所有小动物都赶往菜园。仲夏夜到了，小动物们要聚会了。

在那片小小的圆形草地边缘，新邻居们静静地坐着。大松树下布满阴影，十分黑暗。只能看见白色的石制长椅，男人的烟斗规律地一明一暗，还有那块像帐篷似的灰色防水布。防水布的顶端在淡淡的月光下如灯塔般明亮，也如灯塔一般吸引着所有的小动物。他们没有聚向菜园，而是逐渐向圆形的草地靠近。缓缓地，静静地，一步又一步，他们走过深深的草丛和灌木的阴影，直到那一小片空地完全被紧张的小动物们包围，等待着未知的事情发生。

月光越发明亮了，这一块草坪仿佛变成了一个小小的被照亮的舞台。小动物们能看到那位女士一动不动地坐在长椅上，身边是马尔登先生昏昏欲睡的身影。周围如此安静，小动物们都能听见他呼吸的声音。

突然，安诺达叔叔打破了寂静。他颤抖着走进空地，瞪着深陷的双眼，耳朵因狂怒竖起，厉声高喊。

“他在哪儿？”他狂乱地质问，“他在哪儿？那只该死的老猫在哪儿？让我来对付他！他们不能吊死我们的小乔治！”

兔妈妈从阴影中跳了出来，喊着：“安诺达，回来。哦，制止他，谁来制止他！”

突然，那位女士的腿上有什么东西动了一下，接着，小乔治清脆愉快的声音响了起来。“妈妈！”那个声音叫道，一个小小的身影跳到地上，跑过空地。

“妈妈，爸爸，是我，小乔治！我已经全好了，你们看我——看！”

在明亮的月光下，草地上，他又蹦又跳，跑来跑去，蹿上跳下。他从安诺达叔叔头上高高地跳过去，连翻了两个跟头。他跳上长椅，玩闹地在马尔登先生的肚子上踢了一下。老猫懒洋洋地捉住他的腰，他们开心地扭打了一会儿，最后砰的一声都掉了下来。马尔登想起自己的年纪和威严，爬回长椅，发出呼噜呼噜的声音，活像远处一个在作业的磨坊。

小动物们中间响起一片快乐的嘈杂声。当那个男人悄悄站起身走向帆布时，他们又安静了下来。他从容地解开钩子，掀开帆布。在死寂中，几乎能听见上百只小动物屏住呼吸，又在帆布揭开后发出惊叹的叹息声。

鼹鼠抓住威利的手肘。“威利，是什么？”他低语道。“是什么？威利，做我的眼睛。”

威利吸着气说：“哦，鼹鼠，哦，鼹鼠，太美了。是他，鼹鼠，是他——好圣人！”

“他——阿西西的方济各？”鼹鼠问。

“是的，鼹鼠，我们的圣人。阿西西的好圣方济各——从很久以前就爱着、保护我们小动物的那个人——还有，哦，鼹鼠，太美了！全是石头雕成的，鼹鼠，他的表情是那么和善和悲悯。他穿着一件长袍，又旧又破，你还能看到上面的补丁。

“他的脚边全是小动物。是我们，鼹鼠，全是石头雕成的。有你，有我，有小鸟们，有小乔治，有波奇，有狐狸——连那只老蛤蟆笨笨都有。圣人的手向前伸着，好像在赐福。从他的手中流下水滴，鼹鼠，天哪，清凉的水，滴进他面前的池子里。”

“我能听见水溅落的声音，”鼹鼠低声道，“我还能闻到干净的水池的味道，感受到它的清凉。接着说，威利，做我的眼睛。”

“这是个很好的饮水池，鼹鼠，两端都有浅水区，鸟儿们可以在那里洗澡。还有，鼹鼠，在水池周围是一圈宽阔平整的石头，围成了一圈，像是架子似的，上面摆满了吃的东西，简直是一场盛宴。上面还有字呢，鼹鼠，刻在石头上的。”

“上面写了什么，威利？”

威利仔细地一字一句地读了出来。“上面写着——人人——都能——饱餐。人人都能饱餐，鼹鼠。我们有得吃了！”

“有为我们准备的玉米、小麦和黑麦；有给红鹿准备的一大块盐糕；有菜园里种的所有种类的蔬菜，都是新鲜、洗干净的，上面一点儿泥也没有；有苜蓿、蓝草、荞麦；甚至还有给松鼠和花栗鼠准备的坚果——他们已经开始吃了，鼹鼠，如果你不介意的话——原谅我——我也想加入他们了。”

威利加入了他那些正在谷物堆里打滚的表亲。安诺达叔叔在一边，略显困惑，正在大口大口交替着吃苜蓿和胡萝卜。波奇专心享用着一堆荞麦，没发现有一根挂在了他的耳朵上，使他显得格外潇洒。

到处都是咀嚼声。新邻居们静静地坐着，男人的烟斗一明一暗，女士轻柔地挠着马尔登先生的下巴。红鹿舔着盐，嘴唇上沾满了泡沫。他从饮水池里喝了一大口水，然后高扬起头，发出响亮的鼻息。威利停下进食后将皮带松开了一两个孔，他那软软的、毛茸茸的肚子似乎一下子惊人地鼓了起来。

红鹿开始迈着缓慢而稳定的步伐绕着菜园走，母鹿和小鹿跟在他后面。其他小动物也顺从地加入了这一行列：菲维和灰狐狸并排走着；摇摇晃晃的波奇和安诺达叔叔；兔爸爸、兔妈妈和他们中间的小乔治，他的双臂搂着他们的脖子；野鸡和他的妻子左摇右摆地走着，羽毛在月光下闪着金铜色的光；接着是田鼠的家族；还有浣熊和负鼠，灰色和红色的花栗鼠与松鼠。除此以外，在菜园的边缘，起伏的地面昭示着鼹鼠和他的三个胖兄弟也在。

队伍缓慢而庄重地绕着菜园行进了一周，回到好圣人站着的那块草地上。红鹿又发出一声鼻息，大家都专心听着他说话。

“我们吃掉了他们的食物。”他声情并茂地说，“我们尝到了他们的盐，我们饮下了他们的水。都是上等的。”他向菜园的方向骄傲地扬了一下头。“从现在开始，这里就是禁地。”他凿子般尖利的蹄子踏着地面。“有人反对吗？”

没人反对，一片安静最终被安诺达叔叔的声音打破。“那些该死的切根虫怎么办？他们根本不知道什么规矩或者规则。”

总是慢半拍的鼹鼠从刚挖好的地道里钻出来，将脸转向声音传来的方向，微笑着说道：“我们会巡逻的，我和我的兄弟们，不分昼夜。顺便也可以觅食，刚才这一趟就抓到六只。”

小动物们吃完了他们的晚餐，菲维和灰狐狸却突然支起耳朵，他们听到从房子后面的葡萄架那里传来了咔嗒一声。苏弗洛尼亚柔和的声音回响着：“嗨，臭鼬先生，来吃吧！”他们急忙跑进黑暗里去了。

月亮已经落到松林后面。盛宴最后的痕迹也被清理干净了，吃饱了的小动物们向山下走去。他们一边带着睡意开心地彼此道别，一边走向各自的家。兔妈妈两手各拎了一只篮子，快活地说：“明天有汤喝，豌豆莴苣汤。从明天开始每天都有！”

安诺达叔叔清了清嗓子。“如果客房没人住的话，”他有些局促地说，“我可以再回去住一段时间吗？波奇是个好伙计，不过他的洞有股很重的霉味。是的，先生，很重的霉味。而且他一做菜——”

“当然可以啦，安诺达叔叔。”兔妈妈笑了，“你的房间还和你走的时候一样，我每天都会打扫。”

小乔治高兴地跑着圈，向兔爸爸问道：“附近有新来的狗吗？”

“据我所知，好山路有两只刚来的塞特种猎犬。”兔爸爸答道，“据说很有教养，也很有本领。等你再休息几天，身体恢复以后，我们一定去好好试探试探他们。”

“我随时可以出发！”小乔治高兴地笑着道，“随时都行！”他高高跳到空中，两只脚后跟互相碰了三次，在兔爸爸、兔妈妈和安诺达叔叔上方腾空而起。“我很好！”

整个夏天，每天晚上，好圣人的架子上都摆满了晚宴；每天早上又会被打扫干净。每天夜里，红鹿、菲维和灰狐狸都会为了防备小偷而在菜园周围侦察，鼹鼠和他的胖兄弟们也遵守诺言，忠实地巡逻。

整个夏天，兔妈妈和其他主妇都在腌渍、装罐，为冬天贮存食物。又有了派对与狂欢，欢笑与舞蹈。好日子又回到了兔子坡。

提姆·麦格拉斯观察着丰收的菜园，困惑地提高了嗓门。“路易，”他说，“我真不明白，这户新人家的菜园既没有围墙，又没用捕兽夹和毒药，什么都没用，蔬菜却分毫未损。没有脚印，连毛毛虫都没有。而我呢，这些东西我都用尽了，围墙，捕兽夹，毒药；

有几晚我还架着猎枪守了整夜——然后发生了什么呢？所有胡萝卜都不见了，甜菜和卷心菜被吃了一半，番茄被踩倒了，鼹鼠毁掉了我的所有草坪。十字路口的那个胖男人还养了狗，但是他连一棵玉米也没剩下，所有的莴苣都没了，大部分芜菁也是。我真不明白。一定是新手的运气。”

“一定是，”路易赞同道，“一定是——新手的运气或者别的什么。”

图书在版编目（CIP）数据

兔子坡：汉英对照 /（美）罗伯特·罗素（Robert Lawson）著；查询译. —南京：译林出版社，2024.4

（双语经典）

书名原文：Rabbit Hill

ISBN 978-7-5447-9989-8

I. ①兔… II. ①罗… ②查… III. ①英语 – 汉语 – 对照读物 IV. ① H319.4

中国国家版本馆 CIP 数据核字（2023）第 225155 号

兔子坡 〔美国〕罗伯特·罗素 / 著 查 询 / 译

责任编辑 陈绍敏
特约编辑 任佳怡 张兰坡
装帧设计 鹏飞艺术
校　　对 刘文硕
责任印制 贺 伟

出版发行 译林出版社
地　　址 南京市湖南路 1 号 A 楼
邮　　箱 yilin@yilin.com
网　　址 www.yilin.com
市场热线 010–85376701
排　　版 鹏飞艺术
印　　刷 三河市中晟雅豪印务有限公司
开　　本 640 毫米 ×960 毫米 1/32
印　　张 7.25
版　　次 2024 年 4 月第 1 版
印　　次 2024 年 4 月第 1 次印刷
书　　号 ISBN 978-7-5447-9989-8
定　　价 42.80元